子どもという世界

いつも私たちの
そばにあって、
いつかの私たちのすがた

子どもという世界

キム・ソヨン──著

イム・ジーナ──イラスト

オ・ヨンア──訳

かんき出版

はじめに

　最初は自分の話を書くつもりだった。なんてことのないつまらない話でもいいから、自分の暮らし全体を整理してみたかった。思っているだけで終わってしまいかねないので、ブログを作って毎週書くと周りにも宣言した。どんな内容になるかはわからないが、１日の中のふとした瞬間だったり、最近思っていることについて、好きな音楽や絵、映画や本について書こうと思っていた。どんなふうになるにせよ、私自身のために書くのだと。自分の世界を整えようと思っていた。

　ところが、書き始めてみると幾度も子どもの話が出てきた。無意識の深いところを見つけたというより、子どもと交わした話や子どもについて考えたこと、すれ違いざまに目にした子どもや、子どもについて誰かと交わした会話が何よりも書きたかった。私は少し動揺した。

　児童書の編集者として、その後は読書教室の先生として、20年余り働いてきた。子どもと

身近に触れ合っていて、言い換えれば子ども抜きにしては私の世界を説明できない。自分の暮らしについて書いていたのに、どうして「子ども」について書こうとしなかったのだろう。

それは、自分は子どもについて語る立場にないと思っていたからだ。私は親でもなければ、教育理論や児童心理を研究しているわけでもない。そんな私が子どもについて語れば、雲をつかむような話になってしまうのではないかと、いつも慎重になった。養育環境や教育の現実を知らないからピントのずれたことを言ってしまうかもしれなかった。それに、これまで「あなたは子どもがいないからそうなのよ」といった言葉を何度も聞かされてきたせいでもあった。

反面、私はそういう言葉の影に隠れてもいた。「児童専門家」ではないのだから避けて通ればいいと思っていたような気がする。結局のところ、子どもをとりまくさまざまな話やもっと悩むべき問題は、子どもを直接指導している人たちだけの役目だと押しつけていたのだ。子どもは誰かの子であり、生徒だが、それぞれがこの社会の立派な構成員でもあるということをよく知っていながら。子どもへの理解が足りない社会だからこそ、もっと多くの人が子どもについて語るべきだ、と思っていたに

も関わらず……。

　自分にできる子どもの話を続けていくことにした。それが私自身の暮らしの中身でもあった。完璧ではないだろうけれど、より多くの人たちが話をできるようにするにはそのほうがいいかもしれないと思った。実際、本書を書く中で、多くの人たちの「子どもの話」を聞くことができた。自分の幼少時代はもちろん、わが子について、甥っ子や姪っ子、生徒、近所の子、スーパーで見かけた子……。コメントで寄せられたエピソードを読むたびに、書いてよかったと思った。そうでなかったらこんなに尊くて美しい話にどこで出会えるだろう。自分のために書こうとしていたのだから、願ったとおりになったのだ。

　書き始めてほどなくしてコロナ禍が始まった。読書教室も数カ月休まなければならなかった。私はブログや新聞に毎週何かを書くことで、憂慮や憂うつをまぎらすことができた。書く前から涙が出る話もあったし、一人で思わず声を出して笑ってしまうエピソードもあった。書いているうちに１つわかったことは、子どもという世界は、私たちを歓迎してくれているということ。私たちに「子どもの頃」という共通点があるからか、子どもたちのまっすぐな姿のせいなのかは

わからない。子どもという世界がいつも私たちのそ
　　ばに、私たちの中にあるからなのかもしれない。確か
なのは、子どもについて考えれば考えるほど私たちの世界が広
がるということだ。

　読書教室の子どもたちは、私が作家だということをとてもおも
しろがる。本を書き終えるのに何時間かかるのかと聞いてく
る子どももいるし、腕が痛くならないのかと心配してくれる子
もいる。大きくなったら自分の娘に教えてあげるんだと言って、
私の書いた読書のための教育書を読んでみると言う子もいる。そ
の言葉に笑いつつ、「子どもの頃、ママは読書教室に通ってたん
だよって話してあげるんだ」と言われると涙が出そうになった。

　これまで書いた本では、子どもたちの希望通り実名を使うこ
ともあった。私自身は、もし書かれた内容が気に入らなかった
らどうしようと心配だったが、子どもたちはむしろ喜んでいる。
自分の名前が出てくる部分だけを何度も読む。外で遊んでいた
子が家に戻ってきて、信じられないといった表情で自分の名前
が書かれた場所を確認してからまた遊びに行く子もいたと聞い
た。

　そんなこともあって、子どもたちも自分のことを書いてもい
いと快く許可してくれた。ただ今回は、みんな仮名を使うこと

にした。一人ひとりの心の中の話が多く、もし大人になってか
ら手にしたときに居心地の悪い思いをするかもしれないと思っ
たからだ。誰の話なのかすぐにはわからないようにした。その
代わり内容はありのまま綴ってあるので、当事者たちはどのエ
ピソードが自分のことかわかるはずだ。ところどころに自分だ
けがわかる手がかりも隠しておいた。だから今回の本は、子ど
もたちがすみずみまで読んでくれるかもしれない。いや、もし
かしたら自分の名前が出てこないと言って目もくれ
ずに遊びに行ってしまうだろうか。どちらにせ
よ、子どもたちにこの言葉だけはどうしても
伝えたい。

　子どもの頃の大切な一部分を共有して
くれてありがとう！
　皆さんと知り合えて、とても光栄
に思っています。

　　　　　　　　2023年7月
　　　　　　　　キム・ソヨン

もくじ

1 部　身近にいる子ども

2部　子どもと私

3部　世界の中の子ども

推薦のことば

キム・ジウン

（児童文学評論家）

本書は、子どもが大人に対して、いかに心を込めて向き合っているかについて教えてくれる。

　「忙しい、重要だ、大変だ」なんだと急きたてる大人を、必死で理解し待っていてくれる子どもというのは、どこまでも心、温かい人たちだ。そして、キム・ソヨンの文章もまた、こうした子どもたちと同じくらい温かい。いつかいいことがあるかもしれないと想いを馳せながらも、ふとしたことで傷つき、あざのできた小さな心の片隅まで見逃すことなく寄り添う。

　それでいて彼女の文章は、妥協のない厳格さもまた、持ちあわせている。「大人は子どもたちにどう接しているか？」本書のどのページを開いても、この問いからだけは逃れられない。だからこそ、粋があり、威厳がある。本書を読む前までは、大人がこんなにも無礼な存在だとは正確にわかっていなかった。

　そして、もっと知らなかったことがある。それは、子どもという世界が丁寧で思慮深く、賢明さで満ちているという事実だ。子どもが大人にどう接しているかを見つめてみると、幼少時代の私たちが自分自身をどれほど慈しみ、どれほど世界を信頼していたかを思い出す。こうした気持ちを取り戻せるように手助けしてくれるという点からも、本書は私たちすべての大人が読むべき一冊だと思う。子どもと無関係な人は一人もいない。「子どもという世界」はあなたが忘れていた、慎重で勇敢だったあなたの世界なのだ。

ユン・カウン

（映画監督）

キム・ソヨンの文章は、子どものありのままの姿を見つめ理解できるよう導いてくれる魔法のレンズのようだ。子どもという複雑かつ微妙な存在を「ありのまま」受け入れるのは、とくに大人にとってはとても難しい。それを思うと、彼女の驚くほどに繊細で深い洞察力は、ほどんど超能力に近いといってもいいと思う。

　自分にも子ども時代があったからといって、誰もが子どもの心をちゃんとわかってあげられるわけじゃない。すでにあの頃の感覚は鈍り退化している大人が、子どもの世界に再び足を踏み入れるためには、相当の努力と決心がいる。子どもの目線で世界を見つめ、子どもの歩幅に合わせて歩き、走りと共に呼吸する。子どもの心の細やかな変化を感じるためには、ときには硬くなった心の筋肉を再びやわらかくする術もいる。キム・ソヨンはこうした手のかかる作業を自らすすんで、それも楽しんでやりとげる。そしてその過程で目の当たりにした深い省察の瞬間を、あまりにも優しく、明瞭な言葉でもってこんなにも愉快に心の奥まで届けてくれる。

「キム・ソヨン」というレンズで世界を覗いてみると、やっと気づかされることがある。子どもとしっかり向き合う経験は、結局のところ私たちの中に長い間すっぽり隠れていた一番小さくてか弱い心を再び取り出して見つめ、ゆっくりと理解していく時間なのだと。子どもに対する私たちの視線や態度や気持ち、こうしたすべては、実は私たち自身に向けられているものなのだと。

1部

身近にいる子ども

時間がかかるだけだよ

　ヒョンソンが新しい運動靴を履いてきた。サッカーのスパイクのように見えたが「フットサルシューズ」なのだと言う。私がよく聞き取れずにいると、はっきりと「フット、サル、シューズです。サッカーじゃなくて」と強調した。フットサルシューズはサッカーのスパイクとは靴底が違って、普通の運動靴よりも甲の部分がひらべったくてボールを蹴りやすいそうだ。お父さんとネットのショッピングモールで選んで、自分は小学３年生のわりには足が小さいからサイズを決めるときにちょっと悩んで、先週注文したのがやっと届いたから今日初めて履いてきたのだと。「これでうまく走れるような気がしたのだけれど、思ったようにはいかなかった」と言った。立て続けに話をしようとするヒョンソンをどうにかして止めた。

「そっか、じゃあとりあえず脱いでから中に入ろうか？」
　ヒョンソンはおそらく、このことを話したくて、あれこれ言っていたのだろう。
「これ、今日初めて履いてきたでしょ。だから、お母さんが紐を結んでくれたんだけど。ほどけたら、自分じゃできないかもしれません」
「じゃあ、先生が結んであげようか？」

「昨日の夜、練習したんです。だから、もしかしたらできるかも」

「わかった。ヒョンソンがやってみてダメだったら先生が結んであげるのはどう？」

　そう話し合って教室に入っていった。

　読書教室のおかげで子どもについて新たに知ることがたくさんある。そのうちの１つが、子どもは靴を履くのに、かなり時間がかかるということだ。知らなかったというより、改めて発見したと言えるかもしれない。考えてみれば、靴を履くこと自体が複雑な動作ではある。左右の靴を整え、足を入れてかかとをつぶさないように最後まで足を押し入れる。大人だって腰をかがめて手を使わなければならないこともある。それに、子どもたちは靴がしょっちゅう変わる。成長するからだ。自分では意識できないだろうが、靴を履くたびに足の大きさは変わっていることになる。

　いつだったかこの話を友人たちにすると、ある友人が、子どもの頃、靴の左右を見分けるのが難しかった、とプンプンしながら打ち明けた。

「どうして、２つとも似たような形なの？　そもそも左右別々のデザインにすればいいじゃない。色だけでも変えるとか。微妙に違うだけだから履くたびにテストされてるような気分になる。大人はどうしてすぐに左右の見分けがつくのか不思議だった」

「だからお母さんが靴底に『右』『左』って書いてくれたんだけど、やっぱり気に入らなくてね」

「私は運動靴の紐がほどけるのがすごく嫌だった。マジックテープのより紐のほうがずっとかわいいし。でも、どうして子どもの頃ってあんなによく紐がほどけたんだろ」

「最初の結び方がよくなかったんじゃない？　リボン結びも最初は難しいし」

　その子どもたちが、今はこんなに大きくなってたいしたもんだとみなで声を出して笑った。

　ちょうどその日ヒョンソンと読んだのは『時間が流れると』だった。輪郭のはっきりした絵と簡潔な文章で「時間が流れると」起こることを描いた絵本だ。

　時間が流れると「子どもは大きくなってえんぴつは短くなる」。時間が流れると、「パンは固くなって、お菓子は湿気る」。それに続いて、靴紐を結ぶ子どもの姿が登場する。「難しかったことが簡単になったりもする」という文章と共に。

　なぜかジーンときて、ヒョンソンに伝えた。

「だから、大人になったら靴紐を結ぶのだってだんだんと簡単になるんだよ」

　すると、ヒョンソンが淡々と答えた。

「それもそうだけど、今だって結べるよ。大人は速くできて、子どもは時間がかかるってだけだよ」

　その時の私の顔は絶対に真っ赤になっていたに違いない。今だってできるけど。さっきヒョンソンははっきりと「練習した」と言っていたのに。子どもはあとになればできるのではない。今だってできる。時間がかかるだけなのだ。

　どちらが右足の靴なのか、じっと考えながら私たちは大人になった。かかとがつぶれないように、指でひっぱりながら足を入れて、指が抜けずにウーンウーン言いながら大人になった。履きやすいマジック

テープか、かっこいい紐靴にするか悩みながら大人になった。

　ヒョンソンの言うこともその通りだが、あの時も私たちは私たちだった。今よりも時間がかかっただけだ。

　バスに乗って降りるとき、ドアを開けて閉めるとき、人混みの道を歩いたりエスカレーターの前で戸惑うとき、子どもに早くしなさいと目くばせする大人をときどき目にする。大人から見れば簡単なことだから、子どもが時間をかけて、わざとそうしているように見えるのかもしれない。その一方で、私たちが子どもだった頃、待っていてくれる大人がなかなかいなかったせいかもしれないとも思う。今、子どものことを待ってあげたら、子どもたちは私たちのような大人にはならないだろう。この世のある部分は歳月が流れても変わらない。私は子どもをのんびりした大人に育てることが、広い意味で、世界をよい方向に変えていける一歩だと思う。子どもを待ってあげられる瞬間には小さなやりがいや喜びもある。それも成長だと言えるのではないだろうか？　子どもと大人は一緒に成長できる。

　授業が終わってからヒョンソンは、お父さんに習った方法を思い出しながら運動靴の紐を結んだ。

「足を全部入れたらここをひっぱって、しばってから輪を作って回して…あ、ほどけちゃった。輪っかを作ってから回して？」

　ヒョンソンは私が手伝わなくても両方の靴紐を結んで意気揚々と帰っていった。ところがエレベーターの前でもう右の靴紐がほどけていた。

「こっちだけ先生がやってあげるね。エレベーター乗らなくちゃならないから」

ヒョンソンも今度はうなずいた。私はあんまり速く見えないように
気をつけて、しっかりと結んだ。
　この日ヒョンソンが母親の顔を見るやこう言ったそうだ。

「ママ、左側は僕が結んだんだ！」

　読書教室で子どもたちと出会って、よいことがたくさんあった。
　そのうちの１つは、左の靴紐を一人で結んだヒョンソンの顔を見ら
れたこと。

＊　イザベル・ムニョス・マルティンス著、マダレナ・マトソ絵、イ・サンヒ訳、『時間
　　が流れると』、絵本工作所

先生はボールが怖いの？

　アラムがバスケットボール教室に通っていると聞いたとき、私は内心ちょっと驚いた。いつだったか、体育の時間のドッジボールが大嫌いで、ボールに当たるのが怖くて逃げ回るのも、すごく緊張するのだと不満をもらしていたからだ。

　その時は私も必要以上に興奮して、「どうしてドッジボールをするのか」「本当にドッジボールは、子どもがボール運動好きになるのか」「そもそも運動にはなっているのか」「友だちとケンカするきっかけになってしまうのではないか」「今の私がボールの転がる音がするだけでも避けて通るような大人になったのは、もしかしたらドッジボールのせいだったのではないのか」などと少し長い意見を並べてアラムに同意したことははっきりと覚えている。バスケットボールはもっと大きいし。当たったらもっと痛いだろうに。心配する一方で、どこかさみしい気持ちもしていた。私は、過去を思い出していると思われないよう、少し注意して尋ねた。

「ボール怖くない？」

　するとアラムは、12年間の人生でそんな質問は、初めてされたような顔で聞き返した。

「怖い？　ボールがですか？　先生はボールが怖いんですか？」

「ううん、今はそういうわけじゃないけど……昔は怖かったかな。でも、確か君もドッジボールのときボールが怖いって言ってたような気がして」

　本当に自分の話なのか？　というような表情でしばらく考えていたアラムはこう答えた。

「あ、ドッジボール！　あれはボールを避けるものだからバスケットボールとは違うし。それに僕はドッジボールのときはちゃんとボール避けてますよ？」

　ボールが怖いとか怖くないとかいう言葉を妙に避けた言い方だった。話はそこで終わらなかった。

「いつだったかな、ドッジボールで僕が一番最後に残ったんですけど。あの時、だいたい20回くらい逃げ回ってたかな？　みんな僕しか残ってないから、うちのチームはみんな応援してくれて、相手チームは怒ったみたいに投げてきたけど、ちゃんとそのボールをキャッチしたんです。あ、違う、キャッチしようって思ったんじゃなくてボールが来たからぶつからないようにしようと思って、よけようとしたときにガチっと受け止めたんです。今度はボールを返して、あれ、どこいったかなと思った瞬間、後ろからボールが飛んできて、右のかかとにぶつかって。こうやって振り返ったときにちょうどぶつかったから、はっきり覚えてます」

　アラムは本当に20回以上もボールを避けたのだろうか。確かめるすべもないし、確かめる必要もない。アラムにとってはそれがかかとに刻まれた真実なのだろうから。おもしろいのは、多くの子どもたち

は、ドッジボールになんらかのエピソードを持っているということ。「最後まで残ってチームの勝利に貢献した」という子どもには会ったことがないが、「チームで最後まで残って」「飛んでくるボールを」「連続で何度も」よけた経験はよく聞く。誰の話であってもこうした冒険談はいつだって興味津々になる。自分が主人公の話を聞かせてくれる子どもの、どこまでも真摯なまなざしのせいだ。その圧倒的な力強さのおかげでちょっと大げさに話しているのは確かなのに、決して疑問を挟む余地はない。子どもの「盛っている話」には無視することも、笑うこともできない魅力がある。

　子どもはちょっと誇張しながらも、自分の能力をちっとも疑っていない。ハユンは11月のある日、合気道の道着を着て読書教室に現れた。寒いからココアを出してあげると言うとハユンがにこにこして「あ、私ちっとも寒くないです。冷たいのをください」と余裕を見せた。それでいて私が「もう秋も終わりだね……」と言いかけたら、すばやくさえぎって「もう冬です！」と言い返した。どうやら本当は寒かったようだ。

　封を切っていないスナック菓子を手に「これ全然開かない！」と怒っている子どもたちに、私がハサミで切ってあげると言っても、誰もすぐには差し出さない。自分で開けられるんだと最後までねばる。ゆず茶のガラス瓶のふたが開かなくて私が苦戦していると、我先にとやってきて自分が開けてみせると言う。「ずっと前にお母さんがイチゴジャムが開かなかったときも、私が開けてあげたの」などと誇らしげに自慢しながら。

習いたての難しい言葉を使いたがるのも、子どもたちがちょっと見栄を張るときの典型的なパターンの1つ。9歳のダウンはおばあちゃんの誕生日のお祝いがあった話をしながら「ほんとにすごい“ちごそう”でした」と言って私を戸惑わせた。“ごちそう”と言いたかったのだろう。アストリッド・リンドグレーンの『長くつ下のピッピ』シリーズにはまっているときは、ピッピが「馬じゃじゃ」とも言った。ダウンにとっては「じゃじゃ馬」なピッピが「馬」のように感じられたのだろうか？

　難しい言葉を使いたがるのはイェジもしかりだ。イェジがフィギュアを買ったせいで「お小遣いがカラカラになった」と言ったときは、口調も自然だったせいで、すぐに直してあげられなかった。でも、カラカラという表現がおもしろくて何度も思い出すのだった。もちろん、すべて使いきったという点ではスッカラカンになるのもカラカラになるのも同じようなものだし。幸い、イェジが子犬についてまた新しい表現を使ったときは訂正してあげられた。友だちの妹がいつも自分んちの犬を触るのが嫌なのだと話しているときだった。

「だって、私の妹が触るのだって嫌だからよかったものの、友だちの妹が触るのはもっと嫌だもん」

　このへんてこな表現をどう直してあげるべきか悩んだが、私は「カラカラになった」失敗を思い出し挑戦してみることにした。

「イェジ、そういうときは、『私の妹が触るならまだしも、友だちの妹が触るのは嫌だ』って言うのよ。イェジの妹が触るのはまだよくても、友だちの妹が触るのは嫌だという意味で」

　するとイェジは目をまん丸くした。

1部　身近にいる子ども　　　　29

「えぇ？　私の妹が触るのも嫌なんですけど？」

「なるほど、じゃあ「まだしも」は使えないかな。『私の妹が触るのも嫌だけれど、友だちの妹が触るのはもっと嫌だ』って言わないとね」

　イェジは結局「そうなんですか？」と言うと、まったく気にしていない様子で、でも不思議そうに、私の言葉を疑うような表情であいまいにスルーした。

　大口をたたいて虚勢を張る子どももいる。未来に対して確信も持っていたり。8歳のときハユンは世界一のお金持ちになったら、「地球の半分くらいの土地を買って農業をして犬も5匹飼って、猫も7匹ぐらい飼うんだ」と言った。その後、映画『ハリー・ポッター』シリーズのおかげでイギリスに興味を持つようになり、イギリス留学を夢見るようになった。するとハユンに大きな心配事が2つできた。

「1つは僕がオックスフォードに行くかどうか。先生、オックスフォード知ってますよね？　オックスフォードに行くかケンブリッジに行くか、まだ決められないんです。それからもう1つは、あとでママとパパとお兄ちゃんが遊びに来たら、僕が韓国語を忘れて英語しか話せないかもしれないから心配なんです。先生に会っても、僕が英語しか話せないかもしれない」

　その時に備えて私も今から英語を一生懸命勉強するし、お父さんもお母さんもお兄さんもそれは同じだと安心させつつ、私は笑いがこみあげてくるのを全力でこらえた。笑っては失礼になるほど、ハユンは真剣だったからだ。ハユンはもうほとんどオックスフォード（またはケンブリッジ）のキャンパスの真ん中にいた。子どもの虚勢は真剣で楽観的だ。だから素敵だと思う。そのうえ、そんなふうに虚勢を張った

おかげでハユンがオックスフォード（またはケンブリッジ）に行く可能性ができたのだ。想像すらできなければ、海を越えて留学になんか行けるはずがない。子どもが「話を盛る」のは１つの宣言なのだ。「ここまで大きくなるぞ」という宣言。

　アラムと話したあと、私はバスケットボールを１つ買った。私もかつてはドッジボールで最後まで残っていて、誰にも負けないくらいいい仕事をしたことがあった。もう、ボールから逃げ回りたくはないとも思った。それに、大人だから「ボールを１つ買ってみる」という贅沢もしてみたかった。

　土曜日の夕方、ショッピングモールでボールの入ったカバンを提げて歩いていると、もう気持ちは選手だった。思えば高校のときにバレーボールを手にして以来、初めて手にする「ボール」だった。日曜日の朝に夫とボールを投げ合うことにしたが、寝坊している彼を待っていられなかった。一人でボールを持って公園の片隅で弾いてみた。腕にかなり力を入れないとボールは跳ねないようだ。ポン、ポン、気分のいい音だった。公園にバスケットゴールがないのが残念だった。それでもボール遊びはとても楽しかった。

　あとになってこの話をしたところ、アラムが近所の運動場の中でバスケットゴールのある場所を教えてくれた。腕に力を入れることと、ひざを軽く曲げた姿勢をとるようにとアドバイスしてくれた。私も今まで子どもたちに教わったこともあるから、ちょっと知ったかぶって言った。
「ありがと。これで私もアラムみたいにバスケットボール選手だよ」

するとアラムはちょっと驚いて、こう言った。

「まだ選手３日目ですよね」

　この日アラムと別れるとき、私はちょっとふざけて敬礼してみた。「先輩、よろしくお願いします」今度もアラムは笑わず、私の敬礼を敬礼として受け取った。アラムの後ろ姿がすっかり遠のいたのを確かめてから、「選手３日目」という言葉を思い出して一人声を出して笑った。

やっぱり子どもにはかなわないのだった。

いい子

　お茶の時間にハユンが言った。

「昨日友だちと公園で遊んでてね、友だちがお母さんにお使いを頼まれたんです。5000ウォンもらって、そこのスーパーで買い物してきてほしいって。それで向かってたら友だちが急に『このお金って一番最初は誰が作ったんだろ？』って言って。だから僕も一緒に考えてみたんです。でもいくら考えてもわからなくて。そのとき突然パっと思い浮かんだことがあって友だちに言ったんです。『明日読書教室があるんだけど。先生は本をたくさん読んでるから多分知ってると思う。それにもし知らなくても先生が本を読んで調べて教えてくれるはずだ』って」

　いいぞいいぞ！　今までの努力が実を結んでるというもの。子どもたちに見せたいものがあった。そう、大人だって本を読むということ、大人だって知らないことがあれば勉強するんだっていうこと。ちゃんとそれが通じてたんだ。ハユンも確信があったからこそ、あそこまでお友だちに断言できたのだろうし。そう、大人も本を読む。本を読む人は素敵だ。それが私だ……。私も知らないうちに非論理的な自画自賛回路に入り込んで、論理的な結果を出して、ちょっと鼻が高くなった。

「そう？　それなら先生が説明してあげるね！」

　9歳が理解できるようベストを尽くして、それから私が知的に見えるようにもベストを尽くして、人類の狩猟採集時代や農耕時代について話した。それから「過剰生産物」と「物々交換」を説明する番になった。
「そうやって農作業をしているうちに、ついに！　必要なものよりももっとたくさん生産できるようになったの。村中ですべて食べても余るほど！　さて、そうなると今度はどうしたらいいかな？」
　ハユンはまったく躊躇せずに答えた。
「分けてあげる！」

　それ以外の答えなどあるはずがないと確信した顔だった。こんな素朴なハユンに経済論理を説明しようとしたものの、私は突如心の中が真っ黒な大人になった気分だった。ちょっと前まではとても素敵な大人だったのに。子どもはどうしてこんなに善良なのだろう。でも私はハユンにいい子だねと言う代わりに「お、それもいい考えだね」と答えた。子どもに「いい子だ」という表現を使うときはいつも慎重になるからだ。

　私は、子どもに「いい子だ」という表現はあまり使わないようにしている。優しい心で生きていくには、この世はあまりにも"せちがらい"からでもある。だからこそ、いい子だという言葉が、弱いという言葉のように聞こえかねないからでもある。もっと大きな理由は、子どもたちが「いい子にならなければ」と思うのではと心配になるからだ。いい子だ、というのはどういう意味なのだろう？　辞書には「言動や心がけが美しくて正しく、優しい」と説明されているが、実際に

そういう意味で使われているのかはわからない。それよりも、大人の言うことに逆らわない子どもに、いい子だね、と言うほうが多いような気がする。それじゃ子どもにとってのいい子というのは、階層的な表現になってしまわないだろうか。

　私とは違って、子どもたちは「いい子」という言葉をためらいなく使う。主に友人について説明するときなどがその例だ。そういうとき私は決まって「そのお友だちのどういうところを見ていい子だってわかるの？」と聞いてみる。答えはだいたいこうだ。「何か貸してほしいと言うと貸してくれるから」「ほかの子とケンカしないから」「やりたくないこともちゃんとやるから」。ときには「しっかりしてる」と答える子どももいる。おもしろいのは、自分をいい子だと言う子どもはあまりいないということ。自分自身も、お友だちに必要なものを貸してあげたり、仲良くしたり、ときどき率先して模範になったりしているというのに。謙遜しているのだろうか？　それよりも「いい子」という言葉の持つ力が強すぎて、なかなか手を出せないでいるような気がするのだ。そしてこの言葉は、他人から言われて初めて意味があるということを子どもたちも知っているからだ。「いい子」という言葉には、「他人の評価」が入る。この時の「他人」とは主に大人たち。両親、先生、サンタクロースといった……。

「いい子」なのは悪いことではない。ただ、「いい子」にならなければと思うあまり、大人の要求を断れない子どもを注意深く見守る必要がある。よく知られているように、子どもを相手にした犯罪は、子どもに助けを求めるふりをして始まるケースが多い。見失った犬を探すのを手伝ってほしいだとか、荷物を運ぶのを手伝ってほしいといった

具合に、子どもの善良さを利用して子どもを誘引する犯罪を耳にすると、頭が火を吹きそうになる。悲しく恐ろしいことだが、家庭でも似たようなことが起こる。両親をがっかりさせないようにと、いい子になろうと無理をして傷ついている子どもたちが常にどこかにいる。

　そうだからといって、子どもたちに、いい子にならなくてもいいとは言えない。ハユンの顔をまっすぐ見つめながら「そういうときには分けてあげちゃダメなんだよ！」とも言えない。友だちを助ける子どもに「君が本当にそれを望んでるの？　ほんとにほんとに本心？」と問い詰めることもできない。どうすればよいかわからず、私は子どもの善良さが心配になっていた。イェジとの授業の前までは。

　イェジは『人　百科事典』を読んで話をしているところだった。事前に出しておいた宿題は「この本の絵をすべて見てくること」だった。『人　百科事典』は人が生まれてから死ぬまでの身体の変化とその影響などを教えてくれる知識絵本だ。障害のある子が補助器具を使ってスポーツの試合を楽しむ絵があったり、さまざまな体形と身体状態を絵でもって教えてくれるところがいい。だからイェジにすべての絵をくまなく見てくるようにと言ったのだが、イェジは宿題をちゃんとやってきていた。

「この本に出てくる人たちって、みんないろんな人。いろんな姿で」
「そうだね。著者がどうしてそういう絵を描いたのか考えてみようか。こういう絵を描いて何を伝えたかったんだろうね？　そういうのをテーマともいうんだよ。テーマを探してみようか」
「うむ……お互いに身体の形が違ってもバカにしないようにしよ

う？」

「それもいいね。でも普通は『何かをしないようにしよう』よりも『何かをしよう』と言ったほうが他人を説得するときにはいいのよ。イェジが興味を持ってる環境運動に当てはめてみるとわかるかな。『紙コップを使うのはやめよう』よりも『自分のコップを持ち歩こう』のほうが効果的でしょう？」

　そう言いながら黒板に「お互いの身体が違っても、〇〇しよう」と書いた。内心「尊重しよう」という言葉が出てくるのを期待しながらイェジの答えを待っていたが、すぐには答えられなかった。

「イェジ、そういうときは『バカにする』の反対の言葉を思い浮かべてみるといいよ」

「あ！　わかった！」

　唯一の答えだとでもいうように、イェジはこう書いた。

「お互いの身体が違っても、一緒に遊ぼう」

　イェジの答えに心が熱くなった。それでも「尊重」について教えたい一心でもう一度チャンスを与えた。イェジは今度はこう書いた。

「お互いの身体が違っても、歓迎しよう」

　再び胸にこみ上げるものがあった。2つの文章の横にそれぞれハートを描いて、小さく「尊重しよう」と書き込んだ。この日は授業を終えてもどうしても黒板を消すことができなくて、しばらく眺めていた。そしてふと気づいた。

「分けてあげる！」は「美しくて正しい言葉」で「一緒に遊ぼう」「歓迎しよう」は「優しい心」だ。辞書に出ている通りだ。子どもは善良だ。善良な心にはなんの罪もない。

大人の私がやることは、「いい子」が心を許して生きていける世界を作ること。悪い大人をやっつけるよい大人になる。頭から火が噴いて腹わたが煮えかえっても諦めない。

　不思議なことだ。本は私のほうが子どもたちよりたくさん読んでいるはずなのに、どういうわけか毎回子どもたちから学ぶのである。

＊　　メリー・ホフマン著、ロス・エスキース絵、イ・ヒョソン訳、『人　百科事典』、パルグンミレ

子どもの品格

　自分で言うのもなんだが、読書教室のサービスで気に入っているものが1つある。子どもの上着を受け取ってあげることだ。子どもが読書教室に入ってくると、まずカバンを受け取る。その次に子どもの後ろから上着を脱ぐのを手伝う。この時、あまり近づきすぎてもいけない。上着のすそ以外の部分にはなるべく手が触れないように注意する。速すぎてもゆっくりすぎてもいけない。一番大事なのは、子どもが腕を抜いたときに、それほど動かなくてもいいようにすること。子どもは肩をちょっと動かすだけで、スッと、上着から抜け出せるような感じになるように。子どもから受け取った服はハンガーに形を整えてかけておく。この部分はスムーズに。待っている間、お客様が気まずい思いをしないように。

　授業が終わって家に帰るときも同じようにする。これがもっと難しい。上着を脱ぐときのように着るときも両腕を同時に袖に通さなければならないが、慣れていない子どもたちは一人で着るときのように片腕を先に最後まで入れてしまうからだ。そうすると、もう一方の腕を通すときに袖をつかんでまごついてしまうことが多いため、上着を着せてあげるほうがかえって邪魔になってしまう。そういうときは、子

どもの前に行って顔を見て話す。

「先生がこうするのは、君がいつか素敵なところに行ったときに自然とこういう対応を受けられるようにと思ってのことなの。もしかしたら、君がほかの人に先生みたいにしてあげることだってあるかもしれない。だからちょっと練習してみよう」

　子どもは肩の力を抜いて自然に、両腕を少しだけ後ろにして立っていればいい。そうすれば私が上着を着せてあげる。スっ、タっ。

　優しく上着をはおると今度は姿勢を整えるつもりなのか、気分がよくてなのか、子どもたちは肩をすくめる。初めてのときはどうにも気恥ずかしそうにしていた子どもも、何度か繰り返すうちに、教室に入ってくると自然と私に背中を向けるようになる。そのとき一瞬、笑顔になるのを私は何度か目撃している。そういう瞬間があるから、このサービスが好きなのだ。

　ちょっとおばあさんの格言みたいに聞こえるかもしれないが、私は子どもたちが丁重に対応してもらった経験があれば、その先もずっと丁重に対応してもらえると信じている。やりたい放題にやれというのではもちろんない。私の経験からいって、丁重に扱ってもらっている子どもは落ち着いて行動する。そして、そういう子どもはもっと丁重に扱ってもらえる。子どもがこういうことに慣れれば、落ち着きと丁重さを基本的な態度として身につけられる。落ち着いて行動し、他人に丁重に扱われること。そして、不当な扱いを受けたときは「おかしい」と感じられるといいと思う。実際に私が心から願っているのはそういうところだ。

もちろん1週間に1回、それも上着を着る季節にしかしてあげられないサービスの1つで、欲張ったことを言っているのかもしれない。もしかしたら、子どもたちはちょっとユニークな瞬間としか思っていないかもしれない。それでも、子どもに対する私の気持ちを表すのに非常に重要な儀式なのだ。また、子どもに見てほしいと思ってやっている面もある。子どもは、よさげに見えるものは真似をするものだから、よいものを見せてあげたいのだ。この過程が、私を少しだけいい人にしてくれるような気がする。

　マリア・モンテッソーリの『幼児の秘密』には「鼻をかむ授業」についての経験が書かれている。モンテッソーリは「おもしろい授業」だと思ってハンカチの使い方などを教えたのが、子どもたちはまったく笑わずに耳を傾けて授業を聴いていただけではなく、授業が終わるとびっくりするほどの熱狂的な拍手で感謝したというのだ。モンテッソーリは、もしかしたら自分が「子どもの社会生活における敏感な部分」に触れたのかもしれないと言った。子どもたちは鼻をたらして叱られるたびに自尊心が傷ついていたのに、そもそも鼻のかみ方を知らなくて苦労していたのだろう。子どもだからといって、鼻をすすり、鼻をたらしたままでいたいはずがないのだから、こうしたことを学べる機会がとても貴重だったのだろうという話だった。

　このかわいくて切ないエピソードには大切なことが語られている。子どもも社会生活をしていて、品格を守りたいということ。100年余りが過ぎた今もそれは変わらない。一人の人として子どもにもメンツがあり、それを傷つけないよう努力する。子どもも他人に見える姿には気を遣い、時と場所に合わせて行動様式を悩み、失敗しないように

がんばっている。

　ハユンのお母さんにお礼をすることがあって、ハユンに箱入りのイチゴを持たせたときのことだ。その時ハユンは私に「今イチゴ、高い時季じゃないですか？」と遠慮するように言いながらも、しっかり受け取っていった。あとでお母さんから聞いたところでは、ちょうど前日にハユンがイチゴを食べたがったのに、お母さんが高いからダメだと言ったのだと言う。9歳なりに私と社会的な会話をしたのだ。

　1歳上のヒョンソンは、読書教室に来ると必ず手を洗って授業を受け始めるが、そのたびに「あの、お手洗いお借りします」と言う。いったいどこで聞いてきた表現だろう？　気になったが聞かないことにした。私にも礼儀というものがあるから。

　9歳のギュミンはお菓子を食べるときに必ず片手を顎にそえる。お菓子のくずが落ちないようにというわけだ。気にしなくてもいいと言ってもやめない。それでもテーブルにくずが落ちると手にあったくずもテーブルに捨てる。それからさっさっとまた手に集める。そのあとどうするか。床に捨てるのだ。止める暇もなく、迅速かつ確信に満ちた動きである。口元にお菓子のくずをつけたまま礼儀正しい表情で私を見るギュミン。私はギュミンが私のためにそうしたことがわかっているから床に捨ててしまっては意味がないとはどうしても言えなかった。椅子から立ち上がるときにふまないように気をつけてと言うだけだ。

　子どもたちのこうした努力を見ていて改めて気づいたことがある。

社会生活というのは決して自然なものではないということ。心のおもむくままにしていてはダメで、見て、学び、わざわざそうしなければならない。そんな中でお菓子のクズを集めて床に捨てるような失敗をすることもある。そういうときは床を片づけてあげてから、あまりクズの出ないお菓子を用意してあげることが私の社会生活における役割だ。

　以前、地方の小都市に旅行したときに古い書店に立ち寄った。さほど期待していなかったのに、思いのほか広くて快適なうえに本の広告や案内も感じがよくて、一回りしていると心地よい気分になった。でも、入り口にある児童書コーナーは問題集とおもちゃなどが混ざっていてちょっとごちゃついた感じもあった。書店に家族連れが入ってきて、バラバラになったり集まったりしながら本を選んでいた。5、6歳ぐらいの子どもがお父さんと相談して塗り絵と思われる本を手にして会計レジに立った。ところがお父さんが「支払いしなくちゃならないからパパにちょうだい」と言っても子どもは首を横に振るばかりだ。お父さんがまた「買ってあげるから。パパによこさないと払えないからね」と言うのを見ていて、もしやパパの気が変わって買ってもらえなくなったらどうしようと心配になった。そのとき、私はその後もしばらく忘れられない場面を目にすることになる。エプロンをつけた会計レジにいた年配の店主が、子どもの目をのぞき込みながらこう言ったのだ。

「別にお会計されますか？」
　子どもがこくりとうなずいた。店主は子どもから本を受け取り、父親の支払いを終えると、再び子どもに「別にお包みしましょうか？」

と尋ねた。小さなお客様はそうしてほしいと言った。

「おっと、かわいいねぇ。何歳？　早くパパに渡してね」店主はそんなふうに言うことだってできただろう。お金を払うのは父親なのだから、父親の側についたほうがよかったかもしれない。もしかしたら、子どももなだめられればその通りにしたかもしれないし、おそらくそういう場合のほうが多いだろう。だからこそ、書店で一人の客として丁重に扱われたことが、子どもの記憶にきっと鮮明に残るだろう。一度でも経験することが大切なのだ。そしてまた、そんなふうに対応する店主の姿にも品格があった。私に関して言えば、その書店への好印象はもっと確かなものになったし、入り口の児童書コーナーにも親近感を感じるようになっていた。

　私は子どもの品格を守ってあげられる品位ある大人になりたい。子どもの前だけでそうしていると演技だとばれてしまうものだから、日頃からそういう人でありたい。感謝をそのつど表現して、思慮深い言葉を使って、社会のマナーを守る人。世界が混乱して騒がしいときほど、無理をしてでも努力をするべきだ。心の中だけではできないから、私も見て学びたい。よき友人たちはこういうとき、どういうふうにしているか、キョロキョロ見回している今日この頃だ。

＊　　マリア・モンテッソーリ著、鼓常良訳、『幼児の秘密』、国土社（日本語版）

怖 い こ と

　私は小さい頃から臆病だった。怖がりで、しょっちゅう驚いていた。暗い場所、高い場所、水のある場所を怖がった。大きな声には大きく、小さな声には小さく驚いた。

　よく通る道に電車の通る陸橋があって、その下を通るときはものすごい勇気と決意、覚悟、希望と体力が必要だった。大人になってから行ってみると、50メートルあるかないかの短い道だったのに、あの時の私には先の見えない洞窟のように感じられた。出口のない洞窟。真っ暗すぎて、上には電車が通るときの音が鳴り響いた。私は陸橋に近づきながら「どうか私が通り過ぎる間は電車が来ませんように」と強く祈って、全力で走り抜けた。明るい場所に出てくるとそこに出口があるということが新鮮に感じられたものだった。洞窟じゃなかった。

　怪談話なども怖いものの1つだった。友人たちが「怖い話してあげようか？」と言ってくると、私は両耳をふさいだり「あああ」と叫びながら必死で逃げ回った。それにしても「怖い話」はどうしてああも執拗なのだろうか。流行りの怪談話はほとんどが臆病者の耳の中まで入り込んできた。「口裂け女」だとか「香港ばあさん」だとかの話を聞いていると、なかなか眠れなかった。もうダメだと思う夜には、姉

を起こして手をつないでほしいと言った。できることなら毎晩そうしたかったが、さすがに面倒がられると思って頼めなかった。これぐらい怖いなら起こしてもいいだろう、いやもう少し待つべきか、それも悩んだ。姉の手を握るときはその前に布団で手をふく。あまりに手に力を入れていたので汗をかいていたからだ。

　幽霊の出てくるテレビ番組『伝説の故郷』はもちろんのこと、犯罪捜査もの『捜査班長』も観られなかった。家族がそういう番組を観ているときは、布団を頭まですっぽりかぶった。ホラー映画は今も観られない。推理小説を読み始めたのもここ数年だ。相変わらず怖がりだが、子どもの頃を思い出すとホッとする。あの怖がりがよくここまで大きくなったなぁと。

　子どもたちには怖いものが多い。

　えんどう豆（子どものニックネーム）はこの世で一番地震が怖いそうだ。直接地震を経験したからではなく、ニュース映像を観たりユーチューブで観たと言う。「逃げ場所がない」というのが一番怖いそうだ。かつては地震は海外でしか起こらないと思って海外旅行も行かないようにしていたが、韓国でも起きると知って旅行は普通に出かけることにしたのだと。論理はちょっとおかしいものの、それでも前向きな結果である。えんどう豆は両親にせがんで「避難カバン」を用意したそうだ。おかげでえんどう豆の恐怖心は少しはやわらいだことと思う。

　どんぐりは地下鉄駅の改札が怖い。バーを押して入るまではいい。普段は前に進めるのに、ICカードがひっかかってバーでふさがれるときが問題だ。もしかしたら自分も知らないうちにミスをして、あそこにひっかかるのではないかと、とても緊張するというのだ。

　どんぐりの話を聞いて思い浮かんだシーンがあった。いつだったか

テレビの子ども向け番組でこの問題を扱っていたことがある。子ども数人が地下鉄の駅に行って改札を通る体験をしたり、大人を観察したりする内容だった。子どもたちはかなり緊張したまま励ましあって改札を通過した。その時、一人の子どもがたった今改札を抜けて出てきたばかりの大人に真顔でこんな質問をした。「怖くありませんか？」「（安全かどうか）どうしてわかったんですか？」大人たちの答えは思い出せないが、どんぐりには大人たちみたいに急がなくていいからカードをピっとかざして、何事もないかどうか少し待ってから通り過ぎればいいのだと話してあげた。

　ピーナッツは読書教室に来るようになってしばらくは母親と一緒にエレベーターに乗って上がって来ていた。母親がエレベーターの隅に隠れるようにして立っていて（あとで聞いたところピーナッツが絶対に先生に知られたらいけないと言ったとか）ピーナッツも何も言わないので私はそのことをかなりあとになって知った。理由を尋ねると、ピーナッツはあの時はまだエレベーターに乗ったことがほとんどなかったからだ、と言う。「ちょっとまだ慣れていなかったんで……」とピーナッツは語尾を濁した。

「慣れてないとエレベーターに乗るのはちょっと怖いよね。先生も昔はそうだったもの」

「えっと、そうじゃないんです。怖いんじゃなくて……あ、怖いんじゃなくて、一人で乗るとちょっとそういう感じがして……」

「最初はそういうものだから、先生が1階で待ってるから一緒に乗るのはどう？」

　ピーナッツはピョンと跳ねてそれはダメだと言った。そしていつからか「慣れてきて」一人で乗れるようになった。どんなきっかけがあっ

たのかはピーナッツも私もわからない。

　緑豆は家に一人でいるのが怖かった。もちろん子どもが家に一人で
いるのはよいことではないが、12歳になっても一瞬たりとも一人でい
られないというので母親が心配していた。緑豆は外で遊んでいても帰
宅する前にお母さんに電話をして、家に誰かいるか必ず確かめた。誰
もいないなら公園で待っているほうがましだと、誰もいない家には帰
らないと言うのだった。そんな緑豆は家に一人でいる暇もない中学生
になった。先日、友人たちと映画を観に行って、残ったお金を集めて
バス料金を出すか、ホットドッグを食べるか2つのうちどちらかにす
るという話になり、緑豆と友人たちは満場一致でホットドッグを買っ
て食べながら1時間ほど歩くことにした。その話を聞いて、今はもう
家に一人でいられるのか、あえて聞かなくてもいいと思った。

　はと麦はこれといって怖いものはないと淡々と言った。でも、私が
子どもの頃怖がっていた陸橋や怪談の話をしたところ、ちょっとため
息交じりの口調で告白してきた。
「あの…ほら…ピエロっているじゃないですか。なんでああいうのが
いるのかわからないんです。誰も好きじゃないのに」
　そうね、ピエロ！　ピエロのことを忘れていた。子どもと遊んでく
れる優しいところがあるのにどこか脅してくるようなところもある
キャラクター。私は今までピエロを好きと言う人には、大人も子ども
も会ったことがない。私もやはり好きじゃない。なんで存在するのか
私もよくわからなくて、はと麦にまず「悪趣味」という単語を教えて
あげた。ちょっと説明というか慰めになることを願いながら。

ところでえんどう豆もどんぐりもピーナッツも緑豆もはと麦も共通して怖いものが1つある。ほかの「怖さ」みたいに解決できるきっかけを探すのが難しいから余計に怖いもの。それは、「悪夢」である。内容はそれぞれ異なれど、悪夢を恐れない子どもはいない。化け物が追いかけてきたり、家族が突然消えたり、悪党とけんかして逃げたりするそういう夢。悪夢は備えることもできなければ慣れることもできない。そして誰も助けてあげられない。

　私たちが、愛しい子どもの眠っている様子を見て、優しく布団をかけてあげて、絵本を読んであげて、大きくなるんだよと声をかけるのは、もしかしたら大人がしてあげられることはそれしかないからかもしれない。どんなに小さな子でも、悪夢は自分の力で打ち勝つほかない。そう思うと、すべての子どもが気の毒に思えるし、改めてけなげにも見える。そして、また私たちは知っている。怖い経験も子どものある側面を成長させてくれることを。怖いことがあるというのを知っているからこそ慎重に、怖さと向き合いながら勇気を学び、恐れを克服しながら新しい自分になるということを。こうした成長は、私たちが大人になってからも続いていく。だから、大人たちが子どもにしてあげられることは、怖がる対象をなくすことではなく、それと向き合う力を育ててあげることではないだろうか。自然に成長する過程を応援し、優しくなでるように励ましながら。
　でもすべての怖いことに価値があるわけではない。

　子どもが、青少年が、大人が「女性」であるがために怖がる多くの事柄はすべてなんの価値もないだけではなく、この世を台無しにしてしまう。私たちは子どもを、女性を、安全が脅かされる世界で暮らさ

せるわけにはいかない。あの子たちを不安で信頼できない世界で暮らさせるわけにはいかない。被害者が告発し、女性たちが暴かないとおぞましい犯罪が明るみに出ない世界で、罪を犯した者たちが処罰を受けるはずだと確信できない世界で、そして毎回「嘆願」を出さなければならない世界で暮らさせるわけにはいかない。小さなあの子たちにこれらを繰り返させるわけにはいかない。

　この無価値な恐怖をなくす唯一の道は、性犯罪について寛容なき判決と完全な法の執行しかない。どんな性犯罪者も一人残らず罪を償わせるべきである。加害者が、万が一でもまぐれがあるかもしれないと期待できないよう、徹底して日々周知されるべきである。そうして初めて、私たちは子どもたちを被害者にも加害者にもしないですむ。今まで解決できなかった多くの性犯罪事件の延長線上に「ｎ番部屋事件」（訳注：2018年後半から2020年３月までにメッセンジャーアプリで行われていた大規模な性犯罪・性搾取事件）がある。最後の機会なのに、解決があいまいになっていて私は怖い。今、私たちは陸橋を通り過ぎているのか、洞窟に閉じ込められているのか。手あたりしだいなんでも手にして出口を探さなければならないときにきている。

遊 び じ ゃ な く て 遊 ぶ こ と

　私には宝の地図が1枚ある。ジアンが9歳のときに描いてくれたものだ。

　近所の図書館前の公園で友だちと遊んでいるときにかわいい箱を見つけて以来、変わった形の石、道の片隅に咲いた花、ポケットに入っていたピンどめといったものを集めて入れておいたと言う。その箱を誰も知らない場所に埋めたのだと、突然声をひそめて言った。

「先生、先生は秘密守れますよね？　どこに隠したか教えてあげましょうか？」

「秘密は守れるよ。でも、もし先生が探しにいきたくなったらどうする？」

　そこまでは考えていなかったのか、ジアンのまなざしが一瞬揺れた。それから決心したように鉛筆を握った。

「それじゃ、そこに行って見るだけですよ。旦那さんと一緒に行ってもいいですよ」

「旦那さん」とは、もちろん私の夫を指している。宝物を探しにいく冒険だから夫婦でも許可してあげたかったらしい。ジアンは説明をしながら一生懸命地図を描いた。ジアンと友だちはなるべく人の目につかないよう、わざわざ図書館の裏道、公園の狭い道などあちこち経路

をたどって宝物を隠す場所を見つけたのだそうだ。そうして完成した宝の地図はなかなか複雑だったが、結局のところ読書教室の目の前の広場のそばにX印がつけてあった。図書館からまっすぐ行けば2分もかからない場所だ。それでも子どもたちにはものすごく長い旅路だったのだろう。

「お母さんが30分だけ遊んで帰ってきなさいって言ったんですけど、1時間以上遊んでてみんな怒られたんです」

　私は宝の地図を大切にファイルに挟んでおいた。数年経った今もまだ宝を探しには行っていない。その必要がなかった。ジアンと友だちの特別な午後がつまってるこの地図も宝物には変わりないからだ。

「今どきの子たちは遊ぶ時間がない」「友だちがいない」「ゲームばかりしている」と嘆く大人たちもいる。そこまで気の毒がっておきながらも一方では、もう今更どうすることもできないとでも思っているようだけれど、子どもの立場はそうじゃない。大人たちの幼少時代とは環境もずいぶん変わったとはいえ、子どもたちが遊びたいという事実には変わりがない。どうにかして遊ぶ時間を捻出して友人たちを呼び何かをしながら、子どもたちは遊ぶ。

　ジュノは隣近所の年上の友だちと「チルドレンズカップ」を開くのだと言う。〇月〇日に開幕式を開いて祝賀公演もするのだと。主な試合会場は誰かの家の前の広場。1チーム3人ずつ、全部で4チームがトーナメントもすればリーグでも競えると言う。10歳のジュノが一番年下の選手で、一番年上は14歳とチーム分けは簡単ではなかったものの、「すべてのことは会議で」決めたというジュノの表情はどこまでも真剣だった。

「試合前は健康管理ちゃんとしなくちゃだね。お腹痛くなったりしたら大変でしょ」

「それも会議で話したんですけど、トイレには行っていいことにしたんです。クーリングブレイクも兼ねて」

「カップってことは、商品もあるの？」

「もともと各自1000ウォンずつ出そうとしたんですけど、賭博になって警察に捕まるかもしれないからやめました」

どう見ても大会を組織する過程のほうが実際の試合よりもおもしろそうだった。開幕式当日に忘れてやってこない選手や、突然気が変わって出場をキャンセルする中学生選手のせいで若干の苦労もあったが、それすらもジュノの「チルドレンズカップ」の成果ではないかと思う。

普段から外で遊ぶよりも静かに本を読んでるほうが好きなジョンも、"地脱"するときだけはちゃんと外に出てきた。地脱は「地獄脱出（ジゴクダッシュツ）」の略なのだとか。私は初耳だが、子どもたちの間ではかなり前からある遊びなのだそうだ。

「学校にうんていと滑り台とネットが合体したような遊具あるでしょう。そこで鬼を決めて遊ぶんです。鬼は地面に降りてもいいんだけど、鬼以外は地面を踏んだら負けで。その代わり鬼は目をつぶらないといけないんです」

「え？　目をつぶる？　もし落ちちゃったらどうするの？」

私は驚いたがジョンは平然としていた。

「目をつぶるからおもしろいんです！　それに落ちたりしないし」

確かに、そういうハラハラがおもしろいものだ。聞いている限りはどうも鬼が不利なような気がするが、必ずしもそうではないらしい。鬼じゃない子も音を出さずに動かないとならないので、なかなか緊張

するらしいのだ。とはいえ、ちょっと危ないんじゃないかと心配になったが、「大丈夫！」と子どもたちは余裕だった。

　子どもたちの遊びたいという気持ちに応えるためだろうか。いつからか子どもに関するイベント、お祭りなどに「遊ぼう」という言葉が必ず使われるようになった。そういうフレーズだけを見ると、子どもたちの周りには遊ぶ機会があふれているように見える。砂と遊ぼう、影で遊ぼう、童話と遊ぼう、経済で遊んでみよう、それから自然と遊ぼう、都心で遊ぼう、書店で遊ぼう……。どれも子どもたちによい経験をしてほしくて、楽しませてあげたくて出てくるのだろう。

　しかし、「子どもの本フェスティバル」のコピーに、「みんなで遊ぼう」といったものがついているのを見ると、子ども相手のイベントだからといって安易に企画しているのではないかと思ってしまう。「人権くん、遊ぼう」といったものもしかり。「子ども人権図書展示会」に多くの子どもの来場を望む気持ちはわかるが、いくらなんでも人権と遊ぶ方法というのは無理である。人権を遊ぶ対象にしてもらっては困る。子どもが真剣に学び身につけるべき知識までもを「遊び」の対象とする（実際はそれで、まるっと片づけてしまう）ケースはほかにもたくさんある。実際の内容は教育目的なのに、名前だけ「遊び」とつけたプログラムなどもその１つだ。

　昨年の冬、冬休みに入るヒョヌの生活計画表を見る機会があった。お母さんの話では毎日遊ぶのに忙しくじっとしていないから、無理やりにでも計画表を作らせたと言う。
「せめてこれを部屋に貼っておけば、遊んでてもちょっとは後ろ髪をひかれながら遊ぶんじゃないかなと思って。でもほんとこればかりは

先生が実際に、目にしないとわからないですよね。どんなものか楽しみにしていてください」

　電話で先に聞いてはいたものの、ヒョヌの生活計画表を見て噴き出してしまった。勉強は１日に２時間きちんと計画してはあるが、「ゲーム、野球、遊ぶ、テレビ視聴、休憩、寝る」などが、それは細かくはっきりと区分され日課がびっちり埋まっていたのだ。「実際に守れる計画にしなさい」というお母さんの言うことに従ったと、ヒョヌは説明した。

　私はヒョヌの生活計画表で「遊ぶ」が特に気に入った。子どもたちの「遊ぼう」や「遊び」とは違ってヒョヌの書いた「遊ぶ」には絶対に遊ぶんだという意思が感じられた。どこで遊ぶのか、何をして遊ぶのか、誰と遊ぶのかはわからないが、毎日遊ぶには遊ぶんだという意思。確かに遊びの核心はこうした「予測不可能」なところにあるのではないだろうか？「遊ぼう」プログラムやあらゆる「遊び」が提供する適切な環境と道具、ルールもそれなりにおもしろくはあるだろう。経験の幅を広げてくれて知識を得ることにも意味があるだろう。けれども、「遊ぶ」のは予測できないときが一番おもしろいもの。得するものなんてなくていい。それは大人だろうと子どもだろうと、今も昔も変わらない。

　おおげさなコースを作って宝物を隠して、運営するのも大変な大会をリードし、何度も地獄を脱出したりまた入ったりするのに、学びになるもへったくれもないのだ。

　いや、本当に学びになるものはないのだろうか？　その時その時、必要なルールを作り、直し、応用しながら学ぶことはないだろうか？

何人かで遊べば、悔しいこともあるだろうし、拍手されることもあれば、信じられないような勝利や、惜しくも負けたりすることもあるだろう。同じチームになりたくなかった友だちと一緒になって、力を合わせ、意外に気が合って仲良くなったり、がっかりしたり、再び期待したりすることも学びではないだろうか？　複雑な感情を味わいつつ家に帰っても、翌日にはまた、きれいさっぱり忘れて子どもたちは再び公園に駆けてゆく。**私はこうした瞬間が子どもたちが成長するために必要な、ほかのものには代えられない栄養になると信じている。何より、今何時なのかも知らずに、ここがどこなのかも忘れて、クタクタになるまで遊ぶその瞬間が、子どもの現在を輝かせる。「遊ぶ」には実に多くの実りがあるのだ。**

　コロナ禍以降、私たちはもう以前のような暮らしには戻れないと言う。それが怖くもあるし、楽しみでもある。どんな状況になろうとも開かれた心で変化を受け入れる、と思いながらも、**1つだけはどうしても守りたくなる。子どもたちが思い切り、心から遊ぶ権利を守ること。**外は危ないけれど、外で遊ばせようというのではなく、子どもたちが遊ぶ環境だけは何がなんでも作ってあげようという意味だ。この春から子どもたちは幼稚園も学校にも行けなかった。もちろん、思い切り遊ぶこともできなかった。彼らは「ソーシャルディスタンス」に最も献身的に協力した集団でもある。もちろん子どもたちは室内であっても、何かしら遊びを見つけ出す。けれども、どこであれ、外に出てちょっとでも走り回ったりできない限り、ステイホームに耐えきるのは難しいのではないだろうか。その点を思うと、子どもが社会のために何を犠牲にしたのかを、大人たちも知っておくべきだと思う。

がらんとした近所の遊び場を通り過ぎながら、ハジュンのことを思い出した。いつもなら子どもたちが遊んでいそうな場所に行ってみると、決まってハジュンがいる。私を見つけて、走り寄ってきて挨拶をしてくれるとき、汗で髪の毛がひたいにくっついている。身体からは湯気が出そうな雰囲気だ。ときにはボールを蹴るのに忙しく、遠くから私に手をふるだけのときもある。そんなときは応えて手をふる私まで、元気になる気がする。いつだったか授業で「自分の好きな遊びについて説明する」時間があった。ハジュンは「ジャングルジム鬼ごっこ」をする方法を教えてくれた。

「落ちても鬼、捕まっても鬼なんです。5人か6人でするのが一番おもしろくて。それ以上多いと大変だし、少なくてもつまらないんです」

　私はまた心配になって尋ねた。

「落ちてケガでもしたらどうするの？」

　するとハジュンは笑いながら私を安心させた。

「下に砂があれば落ちても痛くないよ」

　そうだ、砂があった。遊び場の砂のせいで走りにくく、砂が運動靴の中に入るから面倒だとばかり思っていたのに。ハジュンはその砂を信じて、落ちてもケガする心配をせずに、スリリングなジャングルジムに上っていたのだ。

　私はまるで格言のように、ハジュンの言葉をそのままなぞった。「下に砂があれば落ちても痛くないよ」。この言葉を思い浮かべるたびに、大人の役割とはなんなのかについて考えさせられる。

読 ん で 書 く と い う こ と

　読書教室では9歳以上の児童を対象にしている。最初はよくわから
ず7歳の子も入っていたのだが、申し訳ないことにどうしても私が対
応しきれなかった。

　絵本を広げてその間をぴょんぴょん飛んでから、今カバを避けて川
を渡った！　とバンザイをしたり、ワニが腕立て伏せを上手にする
シーンが出てくると、突然、自分も顔を真っ赤にしながら腕立て伏せ
をした。100＋10000は100万だと言い張るのはまだましだ。一人だけ
なのに10人が通り過ぎたように散らかり、私は15人を相手にしたぐ
らい体力を消耗したが、それもまだましだった。問題は「先生と絵本
読もうか」と言うと、あまりにも自然と私の膝の上に座ることだった。
親しみを感じてくれているんだなあと、私のことが怖くないんだなあ
と嬉しくもあるが、それではまともな授業ができなかった。ちょっと
前までそれは興奮しながら本を読んでいたのに、家に帰る時間になる
と眠たいと言って横になった瞬間、本当に寝てしまう子もいた。

　そのこと以来、学校で座って授業が受けられて、読書教室が何をす
るところなのかもわかって、本を読んでくるという宿題も理解できる
ぐらいになる年齢から始めるとルールを決めた。それが8歳、小学2

年生だ（小学1年生の先生には本当にいつも感謝しています）。ところが、ワニと競うように腕立て伏せをしていた子が、すくすく成長して9歳になった頃、思いがけない提案をしてきた。アラムの弟、6歳のチャラムが読書教室に通いたがっていると言うのだ。

「チャラムはお兄ちゃんがすることはなんでもやりたがるんです。読書教室に行くってきかなくて。アラムと私がまだダメだって言ってもきかないんですよ。あとでアラムに『字が読めないとダメだよ』と言われると、先生に聞いてみてくれの一点張りで。なんとか見ていただけませんか？」

　一度も来たこともないのに、チャラムはなぜ読書教室に来たくなったのだろう？　おそらくお兄ちゃんが本を読んでいるのがかっこよく見えたのだろう。それにご両親も本が好きだし……。やっぱり家庭で本を読んでいるところを目にするって大事よね……。いくらこう考えようとしても「私と何度かチラっと挨拶したことがあっただけじゃなかった？　あの時の印象がよかったのかな？」と思わずにはいられなかった。顔を合わせるたびに、お母さんの後ろに隠れるようにしていて、声もよく聞こえなかったのに、本当は私のことが気になっていた？

　今すぐにでもどうぞと言ってしまいそうになるのをグッとこらえて、まずは読み書きができるようになってから話しましょうと、お母さんには伝えた。

　そしてある日の夕方、チャラムのお母さんからちょっといいかと連絡がきた。旅行先でおいしいものを買ってきておすそ分けしたいとのことだった。喜んで出てみると、チャラムも一緒にいた。チャラムの手に有名な製菓店、聖心堂の紙袋があった。チャラムはこの日も挨拶

するようなしないような感じだった。お母さんと私が話している間、つま先ばかり見ていたチャラムがものすごい発見をしたかのように叫んだのだ。

「ママ！　ここにキムソがある。ヨンさえあれば、先生の名前だ！」

お母さんに言っているようでも、私に聞こえるように言っているようでもあった。下を見ると、本当に聖心堂の紙袋の中の箱に「ティキムソボロ」（パンの商品名）と書いてあった。「ヨン」があれば「ティキムソヨン」になっていただろう。

「ほんとだ！　チャラムはヨンも読めるの？」

「はい、書くのもできます。パパの名前にもヨンが入ってるから」

私が手のひらを差し出すとその小さな手で、チャラムが「ヨン」と書いた。この世で手のひらに文字を書いてくれる７歳のお願いを断れる人なんているだろうか？　チャラムに読書教室の扉を開けないわけにはいかなかった。それに約束通り字も読めるようになったのだから。

チャラムが「ティキムソボロ」から「キムソ」を見つけたときにどんな気分だったか想像がつく。私も初めて日本語を習ったときに同じ経験をした。ひらがなをようやく覚えたあとに初めて道で「うどん」と読めたときの嬉しさといったら。日本に旅行に行ったときは、見えるものをなんでも声に出して読んだものだ。漢字とカタカナで書かれた看板が多くてすべては読めなかったものの、それこそ「新しい世界」に出会った気分だった。文字を知っているというのは本当にすごいことなのだ。

ジャン・ポール・サルトルの自叙伝『言葉』には、彼が初めて文字を学んだときのことが詳細に出てくる。幼いサルトルは本を読んであげるという母親の言葉を疑わしく思って「中に妖精たちはいるの？」

と尋ね、本に夢中になってからは母親ではなく本が話していると感じるようになる。そして文字を読めないのに本を読むふりをする。「一行もとばさずに黒い痕跡を追いかけながら大きな声ででたらめな話を一人でしゃべりまくっていた」。フランス実存主義の文学の巨匠、ノーベル文学賞を批判し受賞を拒否した鋭い知性も、文字を読めるようになる前は「勝手に作って読む」ふりをしていた平凡な子どもだった。そのことを思い出すと思わず笑ってしまう。とうとう自分で本を読めるようになるとサルトルは人類の知恵と闘いながら世界と出会い、それが自身の今日を作ってくれたと告白する。彼の言う「今日」とは、彼の名が広く知られるようになった60歳頃のことである。

　ところで、子ども時代のサルトルも文字が読めるようになったからといって、すぐに読書の世界に没入はできなかったはずだ。記号を読むのと意味を知ることは別の問題だからだ。読書初心者の子どもたちは声を出して本を読んでいてつまづく瞬間がよくある。アラムは一人で本を読めるようになってからも「滑稽な」という単語を読むときはなかなか「こっけい」と読むことができなかった。文脈上では「おもしろい、おかしい」といった言葉を期待していたはずなのに突然「こっけい」と出てきて、びっくりしてしまったようだ。だから「こっ…っけい？」となった。

　イェジンは「たいまつを手に」の「たいまつ」が見慣れなかったのか「たいもん？」と驚いたように読んだことがあった。私は子どもの頃アンデルセンの『おやゆび姫』に出てくる「ものさみしい天気」が信じられなかった。一文字ずつ発音してタブーに出くわしたような気分になったことを思い出す。「ゾっとする声」を「ズルっとする声」

と読んだかと思えば、人物のセリフを演技するように読んで没頭する
あまり、地の文章まで興奮したトーンで読み続けふと気恥ずかしそう
にする子もいる。

　**読み書きは一緒に進んでいく。読めるようになった子が力いっぱ
い文字を書く姿はいつ見ても立派だ。**ハングルの子音「ㅁ」を書いて
いてどこで終わればいいかわからなくなって「ㄹ」になったり、「ㅁ」
に慣れてきた頃、ちゃんと書けていたㅁがコになったりすることもあ
るが、最後にはちゃんと書けるようになる。私は子どもが文字を書い
ていて知らない文字を質問してくるときは、なるべく本の中から探し
て教えてあげるようにしている。「本には何かがたくさんある」「先生
も本を読んで調べるんだ」ということを見せてあげたいからだ。以前
ギュミンが「刺刺しい」はどう書くのかと聞いてきた。私が紙に書こ
うとするやギュミンが私の腕をつかんだ。
「刺刺しいは本には出てないんですか？」
　先生もどうせ本を見ないとわからないんでしょう、僕だって本を見
ればわかります、と言いたげな口調だった。本の中からなんとか見つ
けて刺刺まで書いたとき、ギュミンが落ち着いて言った。
「1回だけ書いてもらえばいいです」
　そうだね、1回でいいのに。たくさんの文字の中で2文字知らなかっ
ただけなのに、私がでしゃばりすぎた。プライドを傷つけてしまった
のではないかと心配になったが、幸いギュミンは「刺ってなんか変な
形してる」といっておもしろがっている表情で、刺刺をそれらしく書
いた。

　子どもが読んで書けるようになると、もう大人の膝の上には乗って

こなくなる。そのうえ、黙読を始めるようになると、グッと自分の世界に入ってしまい大人とある程度の距離までできてくる。チャラムは2年生になって、なんと『ライオンと魔女と衣装だんす』に挑戦した。200ページを超すうえに小さい字がぎっしりつまった本だ。序盤では登場人物の名前もこんがらがりファンタジー世界の法則にもなじめず読むのは大変そうだったのに、ある瞬間「夜すごく眠たいのに、続きが気になって仕方なくて、あともうちょっとだけと思って読んでるよ」と言った。なかなか進まずに退屈かもしれないと映画もあるから先に観てもいいよと言ったが、チャラムは遠慮した。本を読み終えてから映画を観るのだと。数カ月かけてついに本を読み終えたとき、チャラムは深くおじぎしながらこう言った。

「この本を紹介してくれてありがとうございます」

　子どもが私に本をただ「紹介」されたと感じ、本と自分だけの関係を結んだのを見て、心の片隅がぬくぬくしてくるのを感じた。『ライオンと魔女と衣装だんす』の世界が「私のもの1つ」「チャラムのもの1つ」できたのだ。本当はその点については、ちょっとさみしくもあった。私たちが同じ世界にいられないような気がして。ところが、チャラムが次に読む本を選び『エーミールと探偵たち』を手にして、慎重に眺めていた。

「これおもしろいですか？」

「めちゃめちゃおもしろいよ。先生も大好きな作家。この人の本はみんなおもしろい」

　どういうわけか、チャラムは「エーリッヒ・ケストナー」という作家の名前を紙に書いて持っていった。それから数週間後に私にプレゼントをしてくれた。エーリッヒ・ケストナーの『点子ちゃんとアントン』だった。

「先生が毎日僕に本を紹介してくれるでしょう。僕も先生にプレゼントをしたかったんだ。だからこの本を買ったんだけど、あとでお兄ちゃんから読書教室にこの本があるって聞いて。でも先生にあげたかったんです。手紙も書いた」

　チャラムが帰ってから手紙を見ると、こう書いてあった。
「この本は先生も持ってますよね？　でも同じ本でも、この本にゃ僕の気持ちがあります」
「この本にゃ」チャラムの心がこめられている。私も心をこめて読むだろう。だから同じように見えても全然違う本なのだ。チャラムの言う通りだ。

　終わりの見えないコロナ時代に、どうしても少しずつ気持ちが暗くなり重たくなっていく。多くの人がそうだろう。だからこそ、人々の間に行きかう言葉や文章に驚くことがよくある。この世に1つだけの本『点子ちゃんとアントン』を広げて、私は読むということについて考えた。文字は同じ文字でも読む人にとって、書かれている世界はそれぞれ異なる。だから、よいこともあれば注意深くなることもある。ある友人は「文は怖い、一文字一文字が怖い」と言った。文字を学び、文字を読むようになって、難しい文字を書いて練習していた私は今、文字を怖いくらい大切にしているだろうか？

　読み書きを学んでいた頃の気持ちを思い出して、『点子ちゃんとアントン』をもう一度読むつもりだ。

* ジャン・ポール・サルトル著、ジョン・ミョンファン訳、『言葉』、人文書院（日本語版）

** C.S.ルイス著、ポーリン・ベイズ絵、土屋京子訳、『ライオンと魔女と衣装だんす』、光文社新書（日本語版）

*** エーリッヒ・ケストナー著、バルター・トリア絵、池田香代子訳、『エーミールと探偵たち』、岩波少年文庫（日本語版）

**** エーリッヒ・ケストナー著、池田香代子訳、『点子ちゃんとアントン』、岩波少年文庫（日本語版）

私 が 子 ど も だ っ た 頃 は ね

　ある子ども専用スペースを作るプロジェクトに参加したことがある。企画段階から意見を出し、そこに置く児童書のキュレーションに参加した縁でオープニングに招かれた。時季は1月中旬、外は寒く会場は暖かかった。子どもも大人も三々五々集まって話をしたり、本を見たりした。スペースを見て回っているときに、一人の子どもを目にした。こじんまりした隅っこの椅子に腰かけて、読書に夢中になっていた。子どもが読むのには少し分厚い本のように見えて、チラッと覗いてみると、嬉しいことに私が選んだ本のうちの1冊だった。会場のなごやかな雰囲気も手伝って、思わず話しかけてみた。

「こんにちは。その本おもしろいですか？」
「はい、おもしろいです」
「失礼ですが、何歳ですか？」
「8歳です」
　子どもはそう答えると、慌てて訂正した。
「あ、違った、9歳、9歳です！　今度9歳になったので！」

　子どもの表情がずいぶん怒っているようにも見えた。新しい年齢に

まだ慣れていないのに、突然の質問に答えるあまり自分でも知らないうちに「昔の」年齢を口にしてしまったのだから無理もなかった。私もその本が大好きなんだと、いつもはもっと年上の子どもたちが読んでいるのだけれど、あなたが読んでいるのを見て嬉しくて話しかけたと伝えて別れた。9歳、年齢に敏感な年頃の子どもに、失礼なことをしてしまっていなければいいなと願いながら。

はじめは、子どもたちが「昔はね」と言うたびに、どんな表情をすればいいのかわからなかった。もちろん誰にだって昔はあるが、正直に言って9歳、10歳の子が「僕が子どもの頃はね」というふうに話し出すと当惑してしまった。

「昔ロボットポーリーが大好きだったんだけど。（今は？）　まさか、子どもの頃の話です。」（スパイダーマン愛好家、9歳）
「僕も子どもの頃、折り紙が難しくてなかなかできなかったんです。でも続けていたらできるようになった」（私に折り紙を教えてくれながら、9歳）
「この本を読むと、昔のこと思い出すんです。あの時、確か夏休みで」（アンニョン・タル『すいかのプール』を見ながら、10歳）

長くて3、4年前のことを、思い切り「昔」だと言うのは、当事者にとって本当にはるか遠い昔に感じられるからだ。40歳の3年前と10歳の3年前は同じ3年とはなかなかみなせない。生きてきた歳月への比率で見れば、10歳が回想する「7歳」は、40歳にとっての20代後半ぐらいになる。それぐらい子どもには、大人がものすごく長く生きている人に感じられるようだ。

読書教室の子どもたちと歴史の本を読んでいると、「先生が子ども
の頃」と口にすることがある。大昔のように聞こえるんじゃないかと
思ってあまり言わないようにしているが、写真の中の1980〜90年代
の事件を見ていると、思わず一言、二言言いたくなってしまって我慢
するのが大変だ。私が子どもの頃に見て聞いたものが歴史の一部分に
なったように、今日のある出来事も、あとになって幼少時代と一緒に
記憶されるだろうと言ってあげたくなるのだ。でも、子どもたちには
「88年ソウルオリンピック」当時の子どもたちがオリンピックキャラ
クターの虎のマスコット「ホドリ」の絵を描いた話より、そういうと
きにばれる私の年齢のほうが気になるようだ。私はなぜか気恥ずかし
くなってしまう。

　ところで、新年が明けると1つ歳をとった（訳注：韓国では数え年で
1月1日に一斉に歳をとる）と自慢する子どもたちも、ある瞬間からは
年齢のことを言われるのを嫌がるようになる。小学校に入学すると年
齢よりも「学年」が重要になるのも関係しているかもしれない。子ど
もの頃は「何歳？」と聞いていた大人たちも「何年生？」と聞く場合
が多い。私自身も姪っ子たち会うと「今年ウンソは何年生だっけ？
それじゃヒソは？」という具合だ。子ども自身も年齢よりも学年を紹
介することが多い。「こんにちは。私は〇〇小学校〇年〇組〇〇〇です」
というふうに。

　もちろん学年というのは、子どもにとって重要な社会的意味がある。
でも学年は子どもの学校教育課程の呼称にすぎないのではないだろう
か？　こうした疑問を持ったのは、私の職業と関連がある。子どもた
ちに読書案内する立場では、「学年」区分がむしろ盲点になりやすい

からだ。「〇年生のときに読むべき本」「〇年生ならこの程度は書けないと」といった主張はそれなりに根拠も意味もあるが、絶対的なものではない。それなのに子どもを学年で呼ぶと、こういう基準にしばられやすい。

　子どもは2年生のときに2年生分だけ成長し、5年生のときには5年生分成長するのではない。6年生でも4年生のような子もいれば、3年生の中にも5年生のような子がいる。それに一人の子の中に3年生のような部分もあれば、6年生のような部分もある。それなのに子どもの学年だけを重視するせいで子どもが発達させるべき項目の中で、勉強の部分だけが強調されているのではないかと私は疑っている。高学年になると、子どもたちも新しい学年への期待よりも心配がまさってくる。中学校に行きたくない、また赤ちゃんに戻りたいという子もときどきいる。

　子どもを「9歳」として見ていたとしても3年生は3年生だ。それでも私はなるべく学年の代わりに年齢で考えたい。そうすれば子どもの成長を少しでも広い意味で考えられる気がするからだ。「〇年生」の代わりに、その子自身を基準にして以前よりも成長したとか、後退しているとか、達成度や完成よりも過程をもう一度励ましてあげようと、量や点数に現れない成長があるということを忘れないようにしようと、私自身に言い聞かせる。そうすれば子どもをもっとちゃんと助けてあげられる。この話をしていて、ある小学校の先生から、こんな嬉しいことを聞いた。

　「5年生の担任なんですが。実は5年生ならもう学校生活にもある程

度慣れてきて、自分たちでやるべきなのに……と思うことがたまにあるんです。でも11歳なんだって思ったら、まだまだ何も知らなくて当たり前だなって、子どもは子どもなんだなって」

　11歳。私の11歳は『私のライムオレンジの木』と『星の王子さま』を読んだ時期として記憶に残っている。今まで一番好きだった本はちびっこニコラシリーズだったことを思えば、生涯最大級の悲しみを受け入れなければならなかった時期だったとも言える。感傷に浸っては、もう子どもじゃないと思っていた瞬間を思い出すとおかしくなるが、今思えばたいしたものだとも思う。子どもたちが自分で考える12歳とはどんなものだろうか？
『素敵な12歳』を読んで12歳の子どもたちと『素敵な○歳』表を作ってみた。2歳、12歳、20歳、42歳、82歳、それぞれの素敵なところを書いて成長を楽しみにしようという気持ちからだった。ほとんどの子は、2歳は学校にも行かず、ママとパパがなんでもしてくれるときだったからよかったと書いた。12歳は友だちもできて、新しいことをたくさん学び、ゲームもできる（このいいことを2歳のときはできなかった！）を素敵な点としてあげていた。

　22歳が一番多かった。

　勉強はしなくていいし（誤解を解いてあげられなかった）、運転もできるし、もしかしたら職業を持っているかもしれないし、旅行にも行けるし、ゲームも思い切りできる。82歳も素敵だった。人生にゆとりもあり、孫たちもいて、仕事もしなくてよくて、その頃になれば医学も今より発達しているだろうから、病気になっても心配もそれほどしなくていいだろうし。

　でも「42歳の素敵なところ」を進んで書いた子はいなかった。40代

半ばの女性として、ちょっとムっとなった。

「42歳もとっても素敵なのに。お父さんお母さんのこと考えてみて。どういうところがよく見える？」

シーン。

「先生から見ると、みんなと一緒に過ごせるって素敵なことだよ。それに仕事のやりがいだってある。20代のときには仕事をしていても自信がなかったもの」

そう言いつつもなぜか切迫した気持ちになってきた。もしかしたら、顔に出ていたかもしれない。子どもたちは気まずそうに笑っているだけだったが、そのときジェジュンが勇気を出したように口を開いた。

「僕らを育てるのはいいと思いますけど、でもちょっと大変そうです。言うことも聞かないし」

すると、ウンビンがつけ加えた。

「そうそう、私は子どもは産まないかもしれない。結婚もしないかも。40代はまだ仕事もしてるし、大変だと思う」

私は子どもの前でこんなことは言いたくなかったのだが、仕方なく最後の切り札を取り出した。

「ふふ、皆さんの知らないことがあるの。実は40代はその前よりもお金がたくさんあります。先生は20代よりも今のほうが好き。どうしてかっていうと一生懸命働いて、お金を貯めたから！　今が一番お金持ちよ！　自分の力で生活して好きなものを食べられるの」

ここまでしたのだから負けるわけにはいかない、傷を伴った勝利だ、と思ったときに、またジェジュンが静かに口を開いた。

「先生、僕らは働かなくてもいいんです。ママとパパが買ってくれるから」

「はは……あ、そう。そういうふうにも言えるわね。じゃあ42歳の素敵なところは、あとで考えて埋めることにしよう。次の時間には“○歳の私”をテーマに作文を書いてくるのが宿題ね。今日の授業はここまで」

　確かこんなふうに言って、いそいそと授業を終えたような気がする。確かに、まだ子どもたちは中年の味わいや余裕、自由といったものはわからないだろう。みんな大人になってからじゃないとね。勉強もして、挫折して迷ったり、成功も失敗も経験してみて、ね？　あれこれ経験をしてみてさ、ね？　11歳の子どもに何がわかるっていうのよ！

　あんたたちに何がわかるの！　その日の夜は腹が立つあまり、なかなか眠れなかった。

*　　　　アンニョン・タル著、斎藤真理子訳、『すいかのプール』、岩波書店

**　　　　J．M．デ・ヴァスコンセロス著、パク・ドンウォン訳、『私のライムオレンジの木』
　　　　（邦題：わんぱく天使）、トンニョク

***　　　サン＝テグジュペリ著、内藤濯訳、『星の王子さま』、岩波少年文庫（日本語版）

****　　シンシア・ライラント著、ホン・ギハン絵、チェ・スニ訳、『素敵な12歳』、文学と
　　　　知性社

数えきれないくらいたくさんのやり方で

　子どもの頃ニックネームのある友だちが羨ましかった。苗字が「コ」さんなら「コサリ（ぜんまい）」、「チ」さんなら「チロンイ（みみず）」というふうな、幼稚なあだ名でも羨ましかった。当事者は嫌がるので私はそうは呼ばなかったけれど、なぜそんなに嫌がるのか理解できなかった。私にはニックネームがなかった。「キム」はよくある苗字で、「ソヨン」もありふれていて、ニックネームをつけようがなかったのかもしれない。自分で作ってみようかとも思ったが、自分で考えてもこれといったものがなかった。私は名前までもが、あまりにも平凡だった。

　自分だけの特徴がほしいと思っていた。目立ちたいというのではなく、「キム・ソヨン」と言えば思い浮かぶ何かがあればいいのにと。ピアノが弾けたり、足が速かったらよかったのに。歌が上手いとか、力持ちとかでもいいと思う。あるいは双子だとか、名前が変わってるとか、犬を飼ってるとか。それなのに私の人と変わったところといったら、髪の毛を切ると右側だけ跳ねてしまうことぐらいだった。私が手に入れたい特徴とはかけ離れていた。

　ほかにもないわけではなかった。左側の太ももにきゅうりみたいに細長い薄い傷あとがあった。両親は鍋でやけどした痕だと言っていた

が、私にはまったく記憶がなかった。それは、はじめからそこにある模様のように感じていた。両親はその傷あとのことを気にしていた様子だ。

「離散家族になってもソヨンはこの傷あとでわかるね」

「これがソヨンのマークだね」

よくそう言っていたものだ。切実に家族を探している南北離散家族の人たち、家族を見つけて喜び嗚咽する人たちがテレビによく出ているときだった。両親の意図とは違ったはずだが、私はそう言われると「うちらも離散家族になるかもしれないんだ」と怖くなった。それでも傷あとを見つめていると少し気持ちが落ち着いた。私には名前よりも確実に身元を確認できるこの傷あとがある。おもしろいのは、当時両親が「大きくなったら傷あとは消える」「ほら、もうこんなに薄くなった」などと言っていたことだ。傷あとがあるから本当の私なのに、大きくなったら傷あとが消えるというのは、どこかつじつまが合わないが、当時はその話を信じていた。今は、そういう記憶が残っているだけで、傷あとも消えた。どちらも合っていたことになる。

読書教室の子どもたちから1週間にあったことを聞いていると、かなりの割合で傷自慢が出てくる。傷が大きければ大きいほど武勇談も華やかだ。ある子は止めるのも聞かずに、ばんそうこうを外して傷を見せてくれたりもする。痛かったでしょう、ひりひりするんじゃない？と私が顔をしかめると嬉しそうに、「これよりもっと大きい傷を作ったこともあるよ」と言いながら全身をねじらせて傷を見せてくれようとする。子どもにとっては残念なことに、ほとんどの傷にはあっという間に新しい皮膚が再生する。そういうところを見ていると、子どもたちもかつての私のように自分だけの特別な何かを探しているのもし

れないと思った。

　私は「個性」と言うと、変わったところ、はっきりとわかる特徴、人とは明らかに違う独歩的な何かを思い浮かべていたものだった。同時に、長所や、長所と言ってもいいような何かでなければならないとも思っていた。そういうのがないと平凡な人なんだとも。でも、子どもたちのおかげで個性というのは「固有性」に近いものだと気がついた。子どもたちがそれぞれ持っている固有の特徴をいくつか挙げてみるだけでもわかる。

　初めての授業で子どもたちに「先生が知らない君たちについて5つのこと」を話してもらう。そして、学校や家族関係、特別な才能といったものはもう両親から聞いて知っているとも伝える。そんな中で最近聞いた自己紹介を紹介しよう。

「魚（グッピー）を飼っている。ピザよりチキン（辛くないソース）が好きだ。犬が好き。○○○と親しくて1年生のときから親しかったが、2年生になって転校してきた友だちとみんなで一緒に遊ぶようになってもっと親しくなった。絵を描くよりも本（漫画）を読むのが好き」
「猫が好き。親戚が多い。好きな食べ物はナムルとピビンパブ。漢字をたくさん知ってる。お医者さんになりたい。」
「○○○のことが好きだけど電話番号がわからない。友だちがたくさんいる。お化粧をしたことがある。自分でも想像力が豊かだと思う。最近は○○○と一緒に漫画本を作っている」

　学年や性別などを消してみると、子どものことがもっとわかるような気がする。1つひとつの情報は目新しくはないものの、それらが集まると子どもが生き生きと立体的に見えてくる。誰かと比べる必要の

　こんなこともあった。ウンギュが学校で友だちとクラブを作ろうと申請書を出したのだそうだ。7人で一緒に面接を受けたとも言う。「人数がこんなに多いのに遅刻したり出席しない生徒がいたらどうしますか」という質問にウンギュはこう答えた。
「会長の権威を高めて解決させます。会長を民主的に選べばできます」
　人の前に出るのが嫌いな反面、効率を重視するウンギュらしい答えだった。おもしろいのはこの話を伝え聞いたジェジュンとウチャンの反応だ。同じ質問をされたらどうするかと尋ねてみたところ、ジェジュンは「まず警告します」と言い、ウチャンは「すぐにクビにします！そうすればいい見本になるし」と答えた。以前、昔話の中に「若返る泉の水」を手に入れたらどうするか、と言う質問にウンギュは「そんなのあるわけない」と一蹴したが、ジェジュンは「奥さんと一緒に飲まないと」と答え、ウチャンは「商売をします」と答えた。こんなにも一人ひとりそれぞれ違う。このことを思い出すたびに、不思議なことに、晴々とした気持ちになるのだ。

　一人の子が韓服（かんふく）デザイナーになりたいと言った。景福宮（キョンボックン）に遊びに行ったときは男性用韓服も女性用韓服も両方着て写真を撮ったのだという。友だちがその写真を見てちょっとからかったようなのだが、本人は気にしていなかった。また、ある子は、父親がテレビで自然ドキュメンタリーを観るのが趣味で「私は歯の大きな動物はみんな好きです」と言う。私が貸してあげたサメの本を読んで「歯の本」を作ってきた。さまざまな動物の歯と自分の家族の歯が描かれていた。

読書教室のカバンとは別に、いつも小さなサブバッグを持ってくる子がいた。丁重にお願いして、中に何が入っているのか見せてもらったことがある。くし、笛、ウェットティッシュ、メモ用紙、ボールペン、きれいな石といったものが入っていた。1日中遊び場で遊んでいるような子だったので正直、意外に思ったが、その子はこう言った。

　「いちいち必要なものを取りに家に戻ってたら遊ぶ時間がなくなるし、お母さんがすぐに、もう帰ってきなさいって言うから」
　あとでお母さんから聞いたところでは、そうやって元気に遊び回っていても、ところどころで髪を整えたり手をふいたりしているらしい。
　「我が家で一番きれい好きなんです。妹もお兄ちゃんみたいなタイプじゃないし。私も夫もおおざっぱなほうで、誰に似たのかしら」

　でも私から見ると、子どもたちというのはそもそも両親にそれほど似ていないように思う。もちろん顔や体形は確かに「あぁ、やっぱり家族だものね！」と思うくらいそっくりな姿を目にすることもある。生活習慣や口調といったものも似てくることがある。でも、それは子どもを説明する一部分にすぎない。子どもの個性はそれよりも複雑に作られている。子どもは両親から受けついだものと自分で手に入れたもの、生まれ持ってのものと、あとになって身につけたもの、認識していたり知らないうちに経験したものなどが混ざり合った存在だ。大人がそうであるように。

　子どもが誰かに似ていると言えば説明するにもわかりやすい。私はかつて幼い姪っ子の顔や食の好みが私に似ているということに執着して、彼女のすべてを「叔母さんにうりふたつ」フィルターで観察して

いた。机の前にあれこれ書いて貼っておくこと、友人とお金を貯めて高いものを食べに行くこと、意外な瞬間に淡々としている性格などもみな私に似ている気がしていた。夫がそっと、二人はそこまで似ていないと言ってくれたとき、内心言い分に無理があるとわかっていたものの、「あなたは子どもの頃の私を知らないからよ」と言い返した。

　言われてみると、彼女がなぜ私みたいに勉強しながらイライラしないのか、私のほうがイライラしていることがあった。似ているところを中心に見ているから、似ていないところが気に入らないのだ。彼女があるとき、傷つき泣いたという話を聞くと、小さな自分が傷つけられたように辛かった。そういうところは似ないでほしいとも思った。一言で言って、私は期待も心配も自分で勝手にやっていたのだ。叔母でもこうなのだから、両親だったらその子のありのままを見つめるのがどれほど難しいか少しはわかる気がする。

　子どもを作り上げるのは子ども自身だ。そして「自身」の中には楽しい知恵や達成感だけではなく傷や傷あとも入っている。長所だけではなく短所も子どものものだ。他人とは異なる点だけじゃなく他人と似ているところも、ひいては他人と同じところも子ども固有のものだ。個性を「固有性」に代えてみると、世界にはいかに多様な人たちが暮らしているのかということにやっと気がついた。私たちがいつも新たな自分を作りながら生きていくとき、「多様だ」は事実上「無限だ」に近いのかもしれない。
　こんなとき、ふとメアリー・オリバーの文章が思い浮かぶ。
「宇宙が、無数にたくさんある場所で、無数にあるさまざまな方法で美しいというのは、いかに驚異的なことか。それでいて宇宙は活気に

満ちていて事務的だ」(『完璧な日々』より)

　髪の毛が片方跳ねていて太ももにかすかな傷のある子、どうして自分にはニックネームがないのかと悩んでいた子どもを思い浮かべる。私はおそらく「平凡に見える」子どもだったからで、ほかの子たちも同じだったはずだ。「みみず」と呼ばれるのを嫌がって、なぜ私はキムさんじゃないのかと、ぷんぷんしていた子もいたはずだ。飼っている犬がお姉ちゃんにばかりなついていて犬を恨んでいる子も、歌はうまくても人前に出るのは嫌いで、音楽の時間は逃げ出したくなっている子もいただろう。今もどこかで似たような悩みを抱えている名前も知らない子どもたちと大人がいることだろう。

　人々がそれぞれのやり方で生きている宇宙は活気に満ちている。 互いに異なるから生まれるデコボコこそが、事務的に見えるほど安定的な秩序なのだ。そういう宇宙で生きていくことに私は安堵を覚える。宇宙が、私たちすべてを包み込めるくらい広いということも。

2部

部

子どもと私

一番さみしい子を基準にして

　子どもたちと作文の練習をするとき、家に例えて説明することがよくある。単語をレンガに、文章を壁に、段落を部屋に例えるのだ。

　特に、１つの段落には１つの考えだけを書くようにというのを、寝室、キッチン、トイレに分けて例えるとわかりやすい。家の大きさや家族の数によって部屋の数が変わるように、文章も状況によって段落の数は変わるのだと説明したりもする。そういうときは、子どもたちが具体的に思い浮かべられるよう私の経験も話すようにしている。

「先生のうちは部屋が３つなの。でも先生は、昔は部屋が１つしかない家にも住んでたことがある。どれも家なんだよね。文章も１つの段落だけで成り立つ場合もあるんだよ」
「その時は先生も一人で住んでたから部屋が１つだったの？」
　ふと言葉につまった。ううん、４人家族が１つの部屋に暮らしてたんだ。
　その言葉がどうしても言えなかった。

＊

ワンルームに家族みんなで暮らしていたのは、小学校1年生の頃だ。幼かった私はそれが不便なのかどうかもわからなかった。ただ、友だちを家に連れてこられないのが残念だった。両親が許してくれなかったから。私が友人の家に遊びに行くのもいい顔をしなかった。遊びに来るのがダメなのはまあ仕方ないとしても、私が遊びに行くのがなぜダメなのか理解できなかった。友だちの家に遊びに行き始めたら、その友だちも我が家に呼ばないとならないからだろうか？　私がよその家がどんな暮らしをしているのか目にするのが嫌だったのだろうか？

　大人になってからはそう思うようになった。

　ある日やっと許しをもらって学校帰りに友人の家に行った。ランドセル、上履きを入れるカバン、ペンケース、傘までおそろいのセットになっているのを持っている子の家だった。私はその家が2階建てなのよりも、その子がインターホンを押すのを見てもっと驚いた。この家全体が自分の家ということだから。私たちを出迎えてくれたのはその子のおばあさんだった。

「あなたがソヨンね。書き取りが上手なんだって？」

　そう言われた。家があまりに広くてどこを見ていいかわからなかった。そんな中でもキョロキョロしてるところは見られたくなくて、その子のかかとばかり見て部屋についていった。部屋にはその子だけのためのベッドや机があって、私はまた驚いた。驚いているのを気づかれたくなくて黙っていた。もちろん、ばれていただろう。そして、すぐにおばあさんがおやつを「お盆に載せて」もってきてくれた。きれいにカットされたフルーツ、グラスに入ったジュース。テレビで見たような気もするが実際には経験したことも、想像したこともない状況だった。

必死で毅然とした態度でおやつを食べようとしたが、無理だった。鼻血を出してしまったのだ。もともと何かというと鼻血を出していたが、よりによってこのとき鼻血がポタポタと、お盆の上に落ちた。そのあとのことは、あまり覚えていない。どうやって片づけたのか、おやつは食べたのか、最後まで遊んだのか、すぐに帰ってきたのか、よく思い出せない。でも、家に帰る途中で道端で立ち尽くして泣いたことは覚えている。おかしなことだけれど、とても恥ずかしかった。涙じゃなくて鼻血が。

　その後、我が家はワンルームだったことも、ツールームだったこともあった。あの頃雑誌に載っているモデルルームのような家を見ながら「いつかこんな家に住めたら」と想像したものだった。想像だけでも楽しかったし、想像だけで終わってしまうような気がして初めから意気消沈したりもしていた。
　今、私はマンション暮らしだ。首都圏の郊外の小さなマンションだが、夫とお金を出し合って買った家で、部屋は３つもある。ベランダもある。ときどき思う。過去に戻って幼い私に、鼻血がはずかしくて泣いていた私に、大人になったらこういう家に住んでいるよと言ってあげたい。そう言ったら、幼い私はその言葉を信じるだろうか？　信じてくれたらいいなと思う。

　年末のバラエティ番組の授賞式で、父親たちが子育てに奮闘するリアリティー番組が大賞を受賞したという。出生率が低下している時代に、子育ての楽しさを伝えるのが、この番組が受賞した理由なのかもしれない。でも私はこの番組を観ない。育児がほぼ全面的に母親にまかされている現実で、父親が子どもたちをケアするという理由だけで

大衆の関心を集めるというのはどうにも納得がいかないというのが1つの理由だ。でも、それよりも大きな理由は、そこに出てくる家があまりに大きいからというのもある。

　子どもたちもこの番組を観る。「セット」ではない、有名芸能人の実際に暮らしている家とそこに暮らす子どもたちを観る。これといって気にしない子どもたちもいるだろう。でも、その家が夢の中のように大きい家に見える子だっているはずだ。その子はどんな状況でテレビを観ているだろう。誰と観ているだろう？　両親と一緒に観ているだろうか？　一人だろうか？　何をしながら観ているだろうか？　テレビが置かれているのはどこだろう？　その子は画面の中の子をうらやましがっているだろうか？　そこに映し出された現実は遠いところの話だからと気にしないだろうか？　もし関係ないのなら、本当になんの関係もないだろうか？　そんなことを思ってまっすぐ画面が観られないのだ。

　今もテレビで世の中のことを学ぶ子どもがいる。主に、さみしい子たちがそうだろう。子どもも観られる番組なら、一番さみしい子を基準にして番組を作ってほしい。誠実で優しい子たちが勝つ姿を、一緒に遊ぶ楽しさを、さまざまな家族の自然な姿を、世の中の優しさを見せてあげられたらと思う。この世は素敵な家なのだと、子どもたちを安心させてあげられたらと思う。

　テレビが夢を売っているというのはわかっている。でも華やかなものを見せなければならないなら、いっそのこと世界の美しい風景を見せてほしいと思う。ある家の広いリビングルームよりはずっと夢があ

るのではないだろうか。

「いや、先生が子どもの頃は、4人家族でワンルームに暮らしてたの
よ。あとで一人1つずつ部屋がある家でも暮らしたけどね。そういう
のは状況によって変わるものなの。文章も同じ。一段落しか書かなく
ても内容がきちんと整っていればいい文章になる」

　なんてことのないような顔で、私はこう説明した。それから次のテー
マを説明して書き始めるように言った。黒板に描いた家を消して、手
を後ろに組んで子どもたちの周りを一周した。私のある部分が、今やっ
と大人になったような気がした。

１つ屋根の下で暮らす友だち

　授業で「性善説」「性悪説」の話が出たときのことだ。６年生の児童たちはとても興味深そうに私の話に耳を傾けた。両方の立場を聞いてからウンビンが所信表明でもするように決然とした声で言った。

「僕が思うに、性悪説が合っていると思います」
「なぜ？」
「ウンジが生まれたときから見てきたんですけど。あの子本当に小さい頃から僕のことをいじめてばかりだったから」

　ウンジはウンビンの３つ下の弟だ。エネルギーにあふれたいたずら好きのウンジは、顔を合わせるたびに大きな声で挨拶をするかわいらしい子だ。でも、ウンビンはウンジのせいで頭にくることが多い。何をするにもウンジが邪魔をすると言うのだ。本を読んでいれば隣で騒ぎ、友だちと遊ぶときも仲間に入れてくれとせがんでくる。ウンジが絵の上にジュースをこぼしたりノートを破るときもある。わざとじゃなかったはずだとウンジを擁護しようとしたが、ウンビンには通じなかった。「弟も大きくなれば変わるわよ」という言葉でウンビンを慰めてもう数年になるが、ウンビンにとってはウンジはまだまだ幼いよ

うだ。

「性悪説」に気持ちの傾いている子はウンビンだけだろうか。妹や弟について聞いてみると不満のないお姉ちゃんやお兄ちゃんはいないだろう。そのせいか童話や絵本の中では妹や弟のせいで悩む子を慰める話も多い。そうした作品では弟や妹たちは小憎らしくて、問題児として描かれている。主人公は妹なんていなくなればいいと言い、実際にいなくなることもある。でも結末では妹が「大切な存在」だと確認する。こういう物語はもしかすると大人たちが、お兄ちゃんやお姉ちゃんの立場を理解しているというサインを送っているのかもしれない。自分も子どもなのに、もっと幼い妹や弟を受け入れ理解しなければならないお兄ちゃんお姉ちゃんたちを気の毒に思ってのことだろう。

　でも、妹や弟たちには言い分はないだろうか？

　普通の姉妹、兄弟の間でケンカになると大人たちは、お兄ちゃんお姉ちゃんに「我慢しなさい」「譲ってあげなさい」と言い、妹や弟たちには「お兄ちゃん（あるいはお姉ちゃん）の言うことを聞きなさい」と言う。おそらく年上のほうが寛容になるべきで、年下は言うことをきくようにと思ってのことだろう。お兄ちゃんに弟の言うことを聞けと言ったり、妹にお姉ちゃんが悪くても我慢しなさいと言うケースはほとんどない。こうして子どもたちの間の序列を整理するのは、家族の秩序を維持する有用な方法なのだ。

　問題は、この序列の決め方が民主的じゃないところだ。だから、お姉ちゃんは言いたいことを言えずに悔しく、妹は永遠に二人めのさみしさを味わって生きていくのだろう。私も「妹」の立場から一言、言わせてもらえば、特にお姉ちゃんに「我慢しなさい」と言うのがひっ

かかる。まるで、妹が悪いけれどお姉ちゃんだからあなたが我慢しなさい、と言っているように聞こえるからだ。

　私には5歳上の姉がいる。私が小学校に入ったとき姉はもう6年生だったことになる。学校に行く時間になると、母が私たちを一緒に登校させるために、姉に私をちゃんと連れて行くように言った。でも姉は通学路で友だちに会うと私に先に行けと言う。私は当然姉の隣を歩きたかった。姉は友だちと歩きたくて、できるなら私のことはほったらかしにしたかっただろうが、お母さんの言うことを聞かなければならないから、先に行かせたのだ。それでいて姉と友だちは、私に聞こえないように自分たちだけでコソコソ話をしているのだ。それがどんなに頭にきたか、数十年たった今でもありありと思い出せる。姉には妹がわずらわしかった瞬間として記憶されているだろうけれど、あとになってみると姉はまったく思い出せないと言った。それがもっと憎たらしかった。

　5年は子どもの発達段階にものすごく大きな差をもたらす。何をしても姉のほうが上手にできる可能性が高いということだ。それにうちの姉はもともと手先が器用で、作ったり描いたりするのもなんでも上手だったし、私はそっちの方面には素質がなかった。工作のような宿題があるたびに姉に手伝ってもらうのは、プライドが傷ついたが、一人ではとうてい完成できないのだから仕方なかった。そのたびに隣をウロウロしては怒られ、そのせいで水をこぼしたり紙を破ってしまったりするのだった。それでも大人たちは姉には我慢しろと言い、私には言うことを聞くように、と言うのだからたまらない。私は本当にウンジの気持ちがよくわかった。ウンビンはひどい！

ところが、ちょっと前にハユンのお母さんからおもしろい話を聞いた。やはり「妹」の立場のハユンはお母さんがそんなふうに序列を決めるのが納得がいかなくて、ハユンとお兄ちゃんがケンカすると必ずどちらが悪いのか判断すると言うのだ。問題は兄妹ゲンカというのは明確にどちらが悪いという場合はあまりなく、また、あまりにもしょっちゅう起きるから結局ケンカしていること自体を叱りつけることが多くなる点だと言う。だから、壁の方を向いて立っていなさいと言うと、そこで、またケンカを始める。それで悩んでいたところへ、友人からいいアイデアを教えてもらったと言うのだ。

　「二人がケンカしたら、そのあとハグさせるんです。すると、とても嫌がりますよね。ただ壁を向いて立っているほうがいいと。でも私が真剣に「早く、何してるの。早くハグしなさい」と言うと仕方なくハグします。しかめっつらしたままハグするんですが、そのうちどちらからともなくクスクス笑い出しておしまいになるんです」

　姉妹、兄弟の情というのは、実によくわからない方式で積み重なっていくようだ。嫌いなのにギュッとハグして、ハグすれば笑ってしまって、だからといって気が晴れたわけじゃなく、だからいつも何か言い分は残っている関係。子どもにとって姉妹、兄弟は親という絶対的な条件と、1つ屋根の下で共有する同志だ。人生の初期段階で出会い、一生涯つき合っていく友人でもある。それぞれ不器用なまま、お互いの社会化に大きな影響を及ぼすのもまた姉妹、兄弟だ。だからケンカもすれば、仲直りもして、唯一無二の関係になるのではないだろうか。

　ちなみに、ウンビンもお母さんに「ウンジは本も読まない。読書教室に席がないか先生に聞いてみたら」と言ったのだと言う。アラムは弟が「だんだん力も強くなってきて言うことをきかない」と心配だと

言うが、ときどき弟の教室の前に行ってどうしているか気にかけていた。そり乗り場で撮った弟の写真を見せてくれて「かわいいでしょう、かわいいでしょう」と言ったりもする。

コロナ禍で子どもたちがいまだかつてない長い冬休みを過ごしている間、家にこもりきりの姉妹、兄弟、兄妹たちはどうしているかときどき気になっていた。ＳＮＳでパジャマ姿のお姉ちゃんとお兄ちゃんと一緒に絵を描いて、テレビを観てにぎやかにやっている様子を見た。ウンビンもハユンもアラムも思い出して思わず笑ってしまった。

私は思春期を過ぎ、５年の差に追いつけるようになった頃、姉と気まずくなった。得意なことも好みも違って共通の話題がないうえに、洋服の好みも違ってケンカをすることすらなかった。姉は衣服学科に進学して韓紙工芸家になった。私は国文学科を選んで出版社で働き読書の先生になった。こうして見ても交差する点が１つもない道だった。

私たち姉妹が少しずつ親しくなったのは、姉が結婚して姪っ子たちが生まれてからのことだ。いや、もう少し正直に言えば、私の結婚準備をしながらだった。姉は私が結婚するときに一人で実家の役割をすべてしてくれた。親戚に連絡して披露宴の準備から結納の品など、姉に手伝ってもらった。子どもの頃と同じで、そうするほかなかったし、子どもの頃とは違ってプライドが傷ついたりはしなかった。大人になったからもう５年の差は以前のようには大きくないと思っていたが、そうじゃなかったようだ。１つ屋根の下で私は一人じゃなかった。姉に申し訳なく、ありがたくて、あの時私は何日もよく眠れなかった。

数日前は姉から宅配で大きな箱を受け取った。小さい大根のキムチを漬けたのだとかなりたくさん送ってきた。中にはキムチだけじゃなくいろんな野菜がつまっていた。義兄が営む青果店でみつくろって入れてくれたのだろう。ネギは太くて丸々としていて、朝鮮かぼちゃになすも、まるで夏のもののように新鮮だった。家の前のスーパーのものより2倍はおいしそうだった。夫が野菜を整理しながら「わぁ、最高級のを選んで送ってくれたんだね」と言った。

　翌日、私は姉が送ってくれた青菜を入れて味噌汁を作った。このご時世に妹が飢え死にするとでも思ったのかしらと、一人口を尖らせた。すると自分でも気づかぬうちに涙がこぼれ出た。**これを書いている今も目の前がにじんでくる。**

　あれ、こういう話をするつもりじゃなかったのに。妹たちだって言い分があるということと、だから姉妹、兄弟みんな助けあって仲良くしようと書こうとしたのになぜ涙が出るんだろう。思いもよらない結末になってしまった。

心 の 中 の 先 生

　私の人生初のミステリーは、小学校１年生のときの担任の先生の話
だった。おそらくホームルームの時間だったと思う。先生は家に帰っ
たら両親の言うことを聞くようにと話してからこうつけ加えた。
「先生は皆さんの心の中にいますから、全部わかっているのですよ」
　私は大きな疑問に襲われた。先生がどうやって心の中に入ってくる
んだろう？　私は「心の中」を当たり前のように、なんらかの空間だ
と思った。そして、心は私のものだから、心の中は多分私の身体の中
のどこかにあるはずだ。でも、先生はどうやって入ってきたのだろう？
　私は扉を開けたこともないのに。扉はあるのかな？　それより先生
は今あそこにいるのに、同時に私の心の中にもいるということ？　ど
う考えてもわからなかった。

　でも、先生の言葉を疑わなかった。どちらにせよ先生はそう言った
のだから、いることにはいるのだろう。私はごはんを食べるときに飲
み込んだ食事が先生のいる「心の中」に入ったらどうしようかと心配
した。運動場の隅の平均台の上で遊んでいて、バランスを崩して転ん
だとき、「あ、先生どうしよう」とびっくりした。走っていてふと心
の中の先生を思い出してそおっと歩いた。もしかして先生が落ちたり、

ケガをしたりするんじゃないか。そんなある日、もっと大きな疑問を抱いた。ちょっと待った、うちのクラスは〇人いるけど、どうやって同時に？　何人かの人の心に出たり入ったりしてるの？　先生に聞いてみたかったけれどできなかった。私一人の胸にしまっていた大きな誤解があったのだ。

　私は先生が好きだった。パーマをかけたショートカットもおしゃれに見えたし、リボンのついたブラウスもかわいかった。先生からほのかに香ってくる匂いも好きだった。先生が黒板に字を書くときの音も好きだったが、文字がはっきりとしていて適切な大きさなのには、いつもほれぼれしていた。何よりも先生がなんでも知っているのが、とてもかっこよく見えた。先生は学校のすみずみを、私たちがするべきことを、学ぶべきことをみんな知っていた。そうでなくても「優等生」が史上最大目標だった幼かった私は、先生の話をちゃんと聞くのには何よりも自信があった。

　ところがある瞬間、机から消しゴムが落ちてしまったため、すべてが狂ってしまった。かがんで探したものの消しゴムはどこにも見当たらなかった。落ちたほうを探したのに、机の脚と椅子の脚、私の脚、隣の席の子の脚が見えるだけだった。手探りしてみたものの何もなかった。その時、先生が私の名前を呼んだ。

「ソヨン、授業中におしゃべりはしないようにね！」
　授業中に不名誉にも名指しされたこと自体が大きなショックだった。それに、消しゴムを拾おうとしていただけで、声も出していなかったのに「おしゃべりした」という指摘を受け入れるのは悔しかった。言

い返せば本当におしゃべりになってしまうと思って黙っていたが、悲しくなって涙が出た。休み時間に先生のところへ行って、いちいち説明しようかとも思ったが、勇気が出なかった。そんな先生が私の「心の中にいる」だなんて、これはもういったいどういうことなのか頭がこんがらがってしまった。ただ慎重に歩いて慎重に食べていつか先生の誤解が解ければと願った。その先生との関係がその後どうなったのかは忘れてしまったが、今でも「心の中にいる」という表現を聞くと、そのたびに思い出す。

　私は小学校３年生のときに転校した。新しい学校でもやはり「いい子」になるために努力して勉強もがんばった。担任の先生はおそらく私の努力を認めてくださったようだった。秋の運動会のときにクラスで一人か二人選ばれるカンガンスルレ（訳注：月夜の下で女性たちが輪になって歌いながら踊る。主に旧暦の８月15日の秋夕の日に行われる）の公演に選ばれたのだ。練習のために授業時間に廊下に出るのも誇らしく嬉しかったが、その気分は長くは続かなかった。まず公演が思ったよりも難しかった。先生のサインに合わせて子どもたちのつないだ手の下を通過し、円から抜け出すようになっていたと記憶している。初めてのことで理解ができず、子どもたちはみな右往左往していた。それに私は誰と誰の間を通ればいいのか、すぐにわからなくなった。そこにいる子どもたちの中で顔を知っている子は誰もいなかった。自分のクラスの子の顔をやっと覚えばかりだったから。

　子どもたちがウロウロしているのがもどかしかったのか、私にいらついた調子で文句を言って指導していた隣のクラスの先生が突然「こっちに来なさいってば！」と言って私の肩をつかんでひっぱった。

私は廊下にほとんど投げ飛ばされたような形になった。あの時の廊下の冷え切った感触と涙でちらつく視界に入ってくる子どもたちの膝小僧は、今もはっきりと記憶に残っている。

　当時、先生たちはときどき感情的な口調で子どもたちを傷つけた。もちろん、さみしくて悲しい出来事がかえって「特別な記憶」として残っただけで、大部分の時間は優しく温かく接してくれていたのはわかる。それでも私にとって「小学校の先生」は今でもちょっと近寄りがたく、時に怖い大人として記憶されている。将来の進路を「教師」にする友人を見ていると、子どもたちへの愛情がすごいなあと思いながらも、一方では彼らを欠点のない人たち、完璧だったり完璧を求める人たち、厳格な人たちだとも思ったものだった。

　だから、初めて小学校の先生たちとの集まりに招かれて講演をするとき私はとても緊張した。まず、すでにたくさんのことを知っている先生たちが本当に私の本まで読んでいるのだろうか、という疑問が生じた。わかりきった話を、あるいは間違った話を、信用できない話を書いたと批判してはいないだろうか？　資料も詳細に用意し、身なりも整えて先生たちに会った。到着して教務室に来るようにとの携帯メッセージを受け取ってもなお、何か失敗して呼び出されるような気分がして、そんな自分がこっけいだった。

　ところが、先生たちは誰よりも真剣に私の話に耳を傾けてくれた。ありのままに言えば、あまりにも……かわいらしかった。私は講演のときに集中させたり喚起させるための質問を投げかけはするが、聴いている人たちが負担にならないようにすぐに私のほうから答えを言う

ことが多い。でも、先生たちには通用しなかった。どんなに簡単な質問にも一生懸命答えようとし、私が先に答えを言うと逆に残念そうな表情を見せた。「あ、当たってたのに！」という具合に。軽い冗談にも、ワハハハと声を出して笑ってくれた。気合を入れて用意した資料を見せると、「わあ！」と感嘆。講演が終わって本にサインをするときも、どの部分がどうだったか少しでも自分の話を聞かせてくれた。その後に出会った先生たちもみな同様だった。そう。まさに子どもたちのようだった。

　講演や勉強会、それ以外の場所で先生たちに会う機会がときどきある。そのたびに驚くのは先生たちも勉強し続けているという事実だ。教科授業について、児童書について、教授法について、社会について。そうした点では私が思っていた「完璧を求めようとする人たち」という先入観とも合っているかもしれない。もっと大切なのは、先生たちが「学ぶということ」を理解している点だ。子どもたちを教えるにあたって、これ以上大切な条件があるだろうか。先生たちが私の話を聞いてくれるのは、私が特別なケースを発表したり、ものすごい理論を提示するからではない。なんであれ子どもたちにとって役に立つことがあれば1つでも逃したくないという気持ちと意思からなのだ。

　先生は、子どもたちが最も日常的に接する専門家であり、時には唯一の知識人である。ある子にとっては自分の知る最も親切な人でもあるだろう。けれども、先生たちは膨大な量の大小さまざまな業務のために目の行き届かない部分もあるはずだ。子どもと密着している分、私的になる部分も多く、ときには冷たいところを見せる瞬間だってあるかもしれない。あるいは、ただ個人的な力量のせいで、子どもや保

護者をがっかりさせることだってあるだろう。そういうとき、私たちは先生たちのミスにあまりにも厳しすぎないだろうか？　一人の労働者でもあり、一「教師」である人に、「恩師」の姿ばかり求めていないだろうか？　特に特殊養護学校の先生たちについてはその道を選んだこと自体を「献身への約束」ととらえ、養護学校の先生たちは自分を犠牲にして当たり前だと思っていないだろうか？

　私は心の広い人間ではないから、先生たちが私を誤解したり、傷つけたりした瞬間を覚えている。でも、実に不思議なのはそういう先生たちの顔はただぼんやりとしか記憶に残っていない。反対にはっきりと覚えていることもある。「ソヨンは挨拶するときにいつも笑顔だから、ソヨンから挨拶されると先生も気分がよくなるよ」と言ってくれた先生の笑顔、何があっても朝ごはんだけはちゃんと食べてこなくちゃいけないと真剣な顔で言っていた先生の優しいまなざし、クラスで一番臭かった子の隣に平然と座ってお弁当を食べていた先生の姿、転校生の私を息が苦しくなるくらい抱きしめて「先生は新しいお友だちが大好き」と歓迎してくれた先生の声だけは、昨日のことのようにありありと思い出せる。

　大人のキム・ソヨンだったら無理だったと思うが、子どもキム・ソヨンは先生のちょっとした失敗を簡単に許せた気がする。おそらく私自身が成長する過程で、傷ついた瞬間はなるべく忘れようとしていたのかもしれない。代わりに先生たちから学んだこと、よかったこと、幸せな気持ちはどれも残って私の一部になった。就職して初めて出勤した朝、私は笑顔で挨拶すれば歓迎してもらえるだろうと信じて背筋をしゃんと伸ばした。長い間癒えない悲しみのせいで泣きながら目覚

めた朝も、無理やりご飯を食べて元気を出した。知らないふりをすることも、オーバーに表現することもどれもみな愛情表現だということがわかる。私はやっと先生が「心の中」にいるという言葉が、少しわかったような気がする。

　毎年「先生の日」には「国を代表して感謝します！」と大きな声で叫びたい。新学期からオンライン授業という前例のなかった事態を経験した今年は特にそうだ。

　心と身体が疲れても、「子どもたちに会いたい」「生徒の声を聞きたくて涙が出る」と口にする先生たちに、いつにもまして大きな声で感謝を伝えたい。先生の日を祝い、子どもたちの贈る愛情が先生たちの心のすみずみまで届くよう祈っている。

　このささやかな文章を、尊敬する先生たちに捧げたい。

　　＊　韓国では５月15日が先生の日

~~~~~~

子 ど も の 偏 食 、 大 人 の 偏 食

~~~~~~

　キャンプがあるとわかっていたら、あんなにせがんだりしなかった
のに。ガールスカウトの夏のキャンプの間中そう思っていた。私はた
だ、あの制服がかっこよくて着てみたかっただけなのに。帽子もバッ
ヂも素敵に見えた。集まって何かを習ったりボランティアをするもの
と思っていてキャンプまでは考えていなかった。私は遠足も運動会も
好きじゃなかった。炎天下で汗を流すのも嫌だし、レジャーシートを
敷いてもお尻の下がでこぼこしているのが嫌で、リュックに食べ物の
匂いがつくのも嫌で、お弁当が残るのが嫌で、お弁当のふたがちゃん
としまっていなくてリュックの中がめちゃくちゃになるのも嫌だった。
それに、手際が悪くて野外活動のある日は持ち物を失くすこともよく
あった。サイダーを飲み切れずに片手で持っているうちに、もう片方
の手にあったハンカチを落としてしまうという具合だった。それなの
に、キャンプだなんて、それも２泊３日だなんて。

　小学校４年生、初めて一人で団体生活に参加するときの心配事に順
位をつけるとしたら、「両親に会いたい」は５位以内には入らなかった。
キャンプ場として借りた廃校の教室の床の冷気、真っ暗で怖い運動場、
いろんな虫、知らないお姉さんお兄さんたちがあれこれ指示してくる

のも辛かった。キャンプの嫌なところ1位は、カレーライスだった。カレーライスはキャンプの定番メニューだというのも私はあとで知った。私はカレーが食べられない子どもだった。キャンプの規律が厳しくて、出されたものは食べなければならないと知っていたから、配食の列に並んでいる間中、目の前が真っ暗だった。幸い先生に事情を話してカレーは避けられた。代わりに私のトレーには白いごはんとたくあんだけだった。制服もバッヂも何もなかった。

　私は好き嫌いの多い子だった。むしろ「子どもがこんなものも食べるの？」と大人たちから褒められることもあった。おいしいから食べているのになぜ褒められるのか、当時はよくわからなかった。小学校1年生のとき、好きな食べ物に腸詰めのスープと書いたら担任の先生が大きな声で笑った。私は肉類、シーフード、野菜はどれも好きだった。なまこや生ガキも酢コチュジャンにつけておいしく食べたし、ナムル類もなんでもよく食べた。

　ところが、カレーは色、形態、匂いのどれもがとても食べ物とは思えなかった（詳しく説明したくない）。マヨネーズとケチャップもダメだった。近所の食堂でアメリカンドッグを注文するときはケチャップはかけないでほしいと頼み、この手にアメリカンドッグが渡されるまでは、店主がそのままケチャップをかけてしまうのではないかと、ハラハラしながら待った。それから、きのこも食べられなかったが、幸い家族もそれほど好きではなかったのか、食卓にはあまり上らなかった。一番困ったのは、にんじんだった。私にはにんじんから明らかに土の匂いがした。見て見ぬふりはできなかった。問題はにんじんは料理の主な材料ではないため、むしろ避けるのが大変という点だった。チャー

ハンやのりまきに入っているにんじんを取り出せば叱られるに決まっていた。カレーやきのこほど嫌いというわけではなかったが、日常的によく出てくるという点でにんじんが一番憎かった。

　だから「食品アレルギー」というものを初めて知ったとき、もしかして、にんじんアレルギーなのではないかと希望を持った。アレルギーがあれば、じんましんが出たり、喉がはれたりするというが、にんじんを飲み込むたびに喉元を通り過ぎる苦味はアレルギー症状ではないだろうか？　本当にアレルギーがあるにはあった。でも、にんじんではなく鯖だった。鯖を食べると手首からかかとまでボツボツとじんましんが出た。魚が大好きなのに、よりによって鯖アレルギーだなんて。残念でしかなかった。

　しかし、今の私はストレスを感じると、まず最初にカレーを思い浮かべる大人である。キッチンにはレトルトカレーの激辛が常備してある。自分でも作る。大きめに切ったジャガイモとたまねぎと「にんじん」をたっぷり入れて鍋いっぱいにカレーを作って何日かかけて食べる。材料を大きく切るのは、にんじんを取り除いて夫にあげるためだ。でも、ひとかけらぐらいなら食べられる。そして、インド料理店で伝統「カリー」もよく食べる。ほうれん草のカリーは最初に口をつけるときは若干勇気がいったが、一度その味を知ってからは大好きになった。マヨネーズとケチャップももちろん大丈夫だ。

　それにきのこは子どもの頃に食べられなかったのを挽回する勢いでよく食べる。エリンギ、えのき、しめじ、しいたけ、マッシュルーム、きくらげ、なんでも来いだ。スーパーで初めて目にするきのこが

あると、ちょっと高くても買って食べてみる。子どもキム・ソヨンに誰かが「私は未来からやってきた。君はあとできのこ鍋を作って食べる大人になるだろう」と言ってきたら、毎日絶望の中で暮らしていたかもしれない。そう思うと人の食の好みというのは、こんなにも変わるのだから不思議だ。こうして書いてみると、私が子どもたちに「今は食べなくてもあとで食べるようになる」と言うのも強迫のように聞こえるかもしれない。これからは言わないようにしようと思う。

ジウンはえごまの葉が嫌いだ（私がにんじんに対してそうだったように、ジウンももしかしてえごまの葉アレルギーがあるのではないかと期待している。食べると口の中がチクチクすると言って）。ヒョンソンは果物のジュースが飲めない。ココアが好きなところを見ると、果物の酸味と甘味が苦手なようだ。アラムはチーズが問題だ。食べられないわけじゃないが、息を止めて食べている。将来シェフになりたいと言うハユンはきゅうりとまくわうりが嫌いだというので「じゃあどうするの？」と聞いたら、「きゅうりとまくわうりは料理に使わなければいいでしょ」とあっけらかんとしていた。

私は子どもたちが食べられなかったり、食べないものについて聞いてから、必ずこうつけ加える。
「大人になるといいことがいっぱいあるけれど、その1つがのりまきを食べるときににんじんを抜いてもお母さんに怒られないこと。買って食べるときもはじめから抜いてくださいって言えるしね」
そう言うと、羨ましいと言う子もいるし「どうしてにんじん嫌いなんですか？　すごくおいしいのに」とお説教してくれる子もいる。これはきっと自分たちが言われた言葉に違いないと思うのだが、黙って

聞いてあげている。

　私はどうやって、子どもの頃あんなに強烈に拒否していた食べ物を食べるようになったのだろうか？　大人になって味覚が変わったおかげもあるだろう。自分で食べるものを選び、いろんな料理を食べてみて、作ってみたりして味覚も変化してきたのだと思う。私は料理をするのが好きなほうだ。体調や冷蔵庫の中身でメニューを決めて、おおまかな順序を決め、瞬発力と柔軟性を発揮してちょうどいい料理を作る過程が楽しい。味を保証するわけではないが、少なくとも私の口には合うように作れるので満足している。友だちにふるまうのはもっと好きだ。子どもの頃とは違って、誰と何を食べるかを自分で決められるというのも、食べる楽しみの幅を広げてくれる気がする。

　以前は我が家にお客さんが来ると、決まって肉料理でもてなした。でも、最近は前もって「食べられないものがあるかどうか」確かめる。少なくない友人たちが「偏食」だからだ。

　ちょっと前に赤身の肉類を食べないことにした友人が遊びに来た。ちょうど近所においしいお寿司屋さんがあって、テイクアウトしてきて食べることにした。野菜焼きとあさり蒸しを添えてワインといただいた。もう少し本格的なヴィーガンを実践している友人の家で集まるときは、それぞれヴィーガン料理を持ち寄ったりもする。私は豆腐のスクランブルとししとうの煮物を、別の友人は野菜のチャプチェを作ってきた。ホストは「テンペ」サラダを作ってくれた。テンペはこうばしくてほのかな香りのするお菓子のような食べ物だった。友人はインドネシアの豆発酵食品だと説明してくれた。ヴィーガン料理を探して新しい味に出会うと、とても嬉しいのだともつけ加えた。

友人たちと比べられるほどではないが、実は私も菜食の割合を増やしつつある。肉料理の写真や肉が食べたいといったことはSNSに書かないことから始めた。1日1食は完全に菜食にしようと努力しているうちに自然と外食が減った。肉食よりも菜食は材料の管理や調理に手間もかかる。代わりに季節の野菜をおいしく食べられるのが嬉しい。キャンプなんていうのは今もゴメンだし、不器用なのも子どもの頃と変わらないが、それくらいならできる。これでも、ガールスカウト出身なのだ。

　手ごろな価格で新鮮な野菜がたくさん出回る夏を前にして、改めて決心した。この夏は今までにないくらいたくさんの野菜を偏食するのだと。にんじんを除いて。

先 輩 の お 言 葉

　私がピアノ教室に申し込んだと言うと、シヨンが目を大きく見開いてこう聞いた。

「自分でですか？」
　誰かに背中を押されたからではなく自分の意志でなのかという意味だ。もちろん、そうだと答えた。
「ピアノ弾いたことあるんですか？」
　雰囲気からして「そもそも弾けるの？」という目つきだ。最後に弾いたのはいつだったか数えてみたら、だいたい35年前だ。11歳のシヨンからしたら、それじゃ弾いたことがないのも同然かもしれないが、事実を話した。シヨンの目がさっきよりもっと大きくなった。
「それにしてもどうして？」

　ピアノ教室に申し込んだのは書くためだった。こうして書くとまるで私がピアノについて何か書こうとしたみたいだが、いつかそんな日がくればいいけれど、とりあえず今は違う。
　あの時、私は『話す読書法』という拙著の原稿のコンセプトを決めて執筆スケジュールを立てているところだった。読書教室と執筆を両

立させるとなると「やばい、大変なことになったぞ」という感じだった。時間もエネルギーも十分に必要だった。その中でも時間はまだなんとか捻出できそうだった。ものすごい決断が必要だが、遊ぶ時間を減らして規則的に寝て起きればいいような気がした。問題はエネルギー、生産的な力だった。原稿を書いていて、煮つまるときや、疲れたときはどうやって創造力と集中力を維持すればいいのだろうか？

　私は思い切った決断を下した。仕事や執筆以外に完全に没頭できる何かが必要だと思い、新しい習い事を始めようとした。生活に活力を吹き込んでくれて、今まで習ったことのない、読んで書く仕事とはまったく関係のないこと。それが、ピアノだった。家の前のピアノ教室の看板に「大人の趣味クラス」と書いてあるのを目を凝らして見ていたところだった。お隣さんとして先生とも面識があった。すぐにピアノ教室を訪ね相談を申し込んだ。

　ピアノのある空間は読書教室よりもやわらかくて、ゆとりのある雰囲気だった。先生が歓迎してくれて私も子どもになったような気分だった。始める前から気分がよかった。先生は笑いながら、ピアノを習う目的やこれからの計画などを尋ねた。
「ところでピアノは習ったことがありますか？」
「はい、小学校1年生のときだったか2年生のときだったか……」
「（笑い続けて）あ、習われてたんですね」
　私はちょっと赤くなった。でも一方で「大人がピアノを習いにくるなんて立派ですよ」「ピアノを習うなんていいですよね」と励まされてもみたくて、遠慮がちに尋ねた。
「でも……でも60代で始めるよりも40代のほうがいいですよね？」

すると先生の顔色がガラっと変わった。

「必ずしもそうとは言い切れないんです。60代の方たちもここでは集中してらっしゃいますよ。先生も執筆しながらピアノを習うのは素敵ですけれど、ただの気分転換と思われているんでしたら上達しないしおもしろくもないですよ。『絶対がんばる！』と腹を決めないと。子どもたちは親の勧めや、『嫌でもやらなければいけない』みたいな気持ちでやってくることもありますけど、それでも上達するんですよ。でも、大人はいざやってみると思ったよりも難しくて大変なので2、3カ月でやめる場合が多いんですね。そうなると私も大変です。先生は、本当に一生懸命やれますか？」

　先生の断固とした返事と挑発的な質問を聞いた瞬間、私はあくまで浅くピアノを習っていたということに気づいた。でも、同時に「絶対がんばる！」という決心もついてしまった。ピアノもがんばって、原稿もがんばって書くと。「はい！　がんばります！」と答えると突如力が湧いてくるような気がした。そうやってピアノレッスンは始まった。椅子の座り方や指を丸く作って鍵盤に乗せる方法などから1つずつ。

　ピアノを習う楽しさ、難しさ、満足感、驚き、苦しみ、やりがい、幸せ、感嘆、後悔、決意、自責、達成感、驚き、喜び、ときめきについては、まだ語れる立場ではない。でも、ピアノのおかげで、執筆がずっとスムーズになったことは書き留めておきたい。朝早くに起きて執筆していて、決まった時間になったら、立ち上がってピアノ教室へ行って、レッスンを受けたり（レッスンを受けるという表現も一度使ってみたかった）練習をして、午後から夕方までは読書教室の仕事をするのがその夏の

私の日課だった。

　脱稿してからは、ほとんど毎日ピアノ教室に行って何時間もピアノを弾いた。自分で聴いてもかなり下手で、下の階のクリーニング店や不動産屋の社長に申し訳なかった。今ご近所中に騒音をまき散らしているのが誰なのか、ばれないようにピアノ教室に入るときと出るときは、別の出入り口を使ったりもした。冬はボア付きのルームシューズを持参してかじかむ手に息を吹きかけながらピアノを弾いた。あんなに下手だったのに、とても楽しかった。1日中ピアノだけ弾いていたかった。あれ、ピアノを習う気持ちについては語れる立場にないと言っておきながら……。

　ところが、私がピアノを習い始めると、子どもたちがなんとなく小言を言うようになった。シヨンはことあるごとに、ピアノ教室はまだやめていないのかと聞いてきた。私が「自分で」ピアノ教室に通っていることが、どうにも信じられないようだ。それ以外にも、楽器を習っている子どもたちがそれぞれアドバイスしてくれた。

「他人がやってるのがかっこよく見えるから自分もやるのなら、あまり期待はしないほうがいいですよ」

「絶対つまらなくなるから、今から覚悟しておいたほうが」

「ピアノの演奏をよく聴いたほうがいいですよ。ほかの人たちの演奏を」

「がんばってください。ある日突然できるようになるときがくるから」

「毎日練習しなくちゃ。毎日弾くことが大切なんです」

　ピアノ教室の子どもたちも私にけっこう注目しているようだった。一度レッスン中に3、4人の子どもたちがおしゃべりしながら入ってきた。すると、先生の隣に座っている私を見て少し驚いた。外にもピ

アノの音が聞こえたはずで、初心者用の練習曲をどうにかこうにか弾いていたのだから、レッスンを受けている人がまさかこんな大きな大人だとは思わなかったようだ。子どもたちは突然静かになってそっと上着とカバンを整理して楽譜を用意し、それぞれの練習室に入っていった。先輩として模範を見せなくては、とでもいうようなキリっとした態度だった。

　私は先生に小さな声で聞いた。

「何年生ですか？」

　先生も小さな声で答えた。

「２年生です。あの子たち今すごくおとなしいふりしてるんですよ、普段は全然」

　それよりも年上の子どもたちはもっと余裕を持って新入生の私を観察した。例えば、私のレッスン中に、リズムをとりつつ一緒に聴いているのだ。自分たちはレッスンも練習もみな終わって家に帰ってもいいのに！　それに隣の子とおしゃべりしていても私が一番苦戦している部分になると突然静かになる。私が緊張のあまり演奏を止めてため息をつくと、またおしゃべりを始める。私が演奏をすると静かになる。まったく小憎らしいことったら。

　しまいには、先生が「そろそろみんな帰らないとでしょう」と言っても、あれこれ言い訳してねばっている。一度なんぞ私が弾いている曲のメロディにハミングしていた。先生が「静かに！」と言うとニヤニヤ笑いながら「あ、知ってる曲だからつい出てきちゃったんです」と言い返すではないか！　こういうときに怒ってしまったら、ダメな大人になるのはわかってる。でも頭にくる。だから２倍頭にくる。むかつくあまり楽譜がよく見えなかった。

ピアノ教室では２、３カ月に一度「ミニ音楽会」が開かれる。生徒たちが演奏者であり聴衆の教室内の発表会だ。先生は私にも出るようにと何度も勧めてくれたが、いくらなんでも恥ずかしくて遠慮した。音楽会の日程が決まると生徒たちが演奏する曲目の書かれたポスターが貼られる。ピアノを習う前なら「わ、かわいい！」と思っただろうが、今の私はそこに書かれた曲名をじっと見ながら「先輩たちかっこいい！」と感嘆する後輩になった。

　本当は私も出てみたくて土曜日に、誰もいない教室で夫を招待して一人で発表会をしたこともある。ピアノを習い始めて３カ月ほどした頃だった。１曲目を弾き始めたとき、心臓が耳の中にあるのかと思った。こんなに大きな音で脈打ったらピアノの音と混ざってしまうのではないかと心配になるほどだった。アンコール曲を弾いているときは人の心臓は口からも出てくるのだと確信した。発表会を終えると改めて、先輩たちはすごいと思った。

　その後も録音を目標にしてピアノの練習をしてはいる。楽譜に丸を10個描いておいて、１度弾くたびに１つずつへたを描いてりんごのマークにしたりもする。何度弾いたか数えるためだ。この話をしたらある友人が「私も子どもの頃そうしてた。でも、私は勝手につけてた。練習してなくてもしたみたいに」と笑った。私も実は操作するにはする。フセンにりんごを描いて10個になったらはがして、楽譜には５回しか練習していないみたいにするのだ。先生の前で披露するときはまるで練習をちょっとしかしていなかったのに、こんなに上手に弾けるんだと思ってほしくて。でも、先生は本当に嘘みたいにみんなわかっている。

「上手にできましたね。練習はこんなものじゃなかったでしょうに。もしかして夜通し練習したんですか？」

　先生は褒めてくれたのだが、どういうわけか、がんばっているのがばれるのが恥ずかしかった。先生に認めてもらいたいのに、「こんなに練習しても、この程度しかできないのか」と思われるような気がして内心悔しかった。ピアノを習えば習うほど、子どもの頃習っていたらどんなにかよかっただろうと思う。我が家に紙の鍵盤の代わりに本当のピアノがあったら、もっと興味を持って習えただろうか？　私は手も固くなって、楽譜もまともに読めない（実際によく見えなくもある）、新しい曲を思い切って始めることもできない。でも先生が嬉しいことを言ってくれた。

「子どもは確かに柔軟ですけどね。代わりに大人は音楽をもう少し理解して楽しんで学べるんです。この曲がどういう曲なのか、どんなふうに流れていくのかわかっているから」

　励まされる言葉だ。ピアノを習い始めてからピアノの練習曲を聴くのがもっと好きになったし、耳も少しは、ほんの少しはよくなった気がする。以前はただ美しいとしか感じていなかった演奏が今は「素晴らしい！」「芸術だ！」と感じることすらある。だから、またこんなことも思う。

「それが問題なんです、先生。私の耳はそれを知っているのに、私の手がついていかない。だから、手よりも耳のほうが苦労してるんです」

　そういうとき先輩たちのアドバイスをまた思い出す。「がんばってください」「突然できるようになるときがきますよ」「演奏をたくさん

聴いてください」「毎日練習しないと」「覚悟を決めないとダメですよ」
「先輩たち」の言葉に間違ったことは１つもない。私は大きくため息
をつく。

癒やされました

　授業が終わってみるとけっこうな雨が降っていた。傘を持たずに来ていたハユンを家まで送り届けて帰ってくる道すがら、子どもが一人雨に打たれて道を歩いているのが見えた。靴下にサンダルを履いているのを見ると、まったく雨対策はせずに、家を出てきたしまったようだった。

　私は日頃、読書教室の子どもたちに見知らぬ人には気をつけるようにと話している。「道で先生（私）の車を偶然見かけて、先生も今〇〇の家に行くところなのよ、乗せてってあげる、一緒に行こう」と言われても乗っちゃダメ。親しい仲でも、先生の車も乗っちゃダメだよ」と念押ししている。だから、その時も悩んだ。私が傘をさしてあげたら怖がるのではないだろうか？　反対に私のせいで見知らぬ人への警戒心が崩れたらどうしよう？　でも、かなり雨脚は激しく、もう考えている暇はなかった。まず、傘をさしてあげてから話しかけた。「こんにちは。あそこで読書教室をやってる先生なの。君はどこまで行くのかわからないけれど、一緒に傘を使ったらどうかと思って。雨があまりにもひどいから……」

向かい合ってみるとその子は４年生の問題集を抱えていた。おそらく自習教室帰りなのだろう。ちょっと驚いた様子だったが「ありがとうございます」と言って私の提案を受け入れた。口調も動きも慎重な子だった。私は、その子と話をしたくなったけれど、グッと我慢した。怖がられるのも嫌だったし、安心させるのも心配だったからだ。沈黙が何よりだった。その子の歩幅がわからないので、ゆっくり歩いて、その子も同じようなことを思っていたのか急がなかった。雨音と足音が聞こえていた。

　でも、別れ際になっても雨脚は相変わらずだった。
「私はこっちのほうなんだけど。もしよかったらもう少し傘一緒に使いますか？　じゃなければ、この傘を持っていってあとで返してくれてもいいですよ」
　戸惑っていた様子のその子は決心したように言った。
「じゃ……あの道を渡るところまで貸してください」
「そうしましょうか」

　また雨音。傘を私の背丈に合わせると、その子の肩が雨で濡れてしまうため、その子のほうに少し傾けた。お互いちょっと距離をおいて歩き、手前に水たまりが現れると二人とも立ち止まった。そうして私のほうであれその子のほうであれ、歩きやすいほうに近づいてまた距離をおいて歩いた。踏切まで来たとき私が尋ねた。
「ここからは家は遠いの？」
「いいえ、ここを渡ればすぐです。〇団地の遊び場……」
　私は慌てて言葉を遮った。
「家は教えてもらっちゃいけないから、家までは一緒に行かないけれ

ど。代わりに道を渡って〇団地の入り口まで一緒に行くね」
「それじゃすごく遠回りになっちゃうんじゃないですか？　親切な方
なんですね」
「道を渡ったついでに図書館に寄って行くわね。それならどう？」
「ありがとうございます」

　そうやってその子は団地の入り口で「さようなら！」と、ぎこちな
い挨拶を残して、小走りに駆けて行った。私は来た道を戻って家に帰っ
た。少し雨に濡れたもののあの子もちょっとは安心できたかもしれな
いし、私はあの子が濡れてしまったことが気の毒だったけれどそれで
も満たされた気分だった。
　嘘だ。本当は、とても嬉しくて喉元から変な声が出た。

　おかげでずいぶん前のことを思い出した。子どもの頃家族と市街バ
スに乗って遊園地に行った帰りだった。何歳だったのか思い出せない
が、両親のどちらかのひざの上に座っていたことを思うと、かなり小
さかったのだと思う。バス停をいくつか通り過ぎバスには乗客が徐々
に増えて、座席のそばには立っている人たちが、手すりではなく窓ガ
ラスに手を当てて身体を支えているような状況だった。私たちの席の
隣には青年が立っていて、その人もやっぱり窓ガラスに手のひらを当
てたまま背中に力をいれてふんばっていた。そのとき、私たちのほう
を見て聞こえるか聞こえないかの声でこう言った。
「お子さんつぶれちゃうかと思って……」

　左側の窓側だったこと、その人がすらりとした体形に半袖のシャツ
を着ていたことまで覚えている。初めて見た人が私を守ろうと全身に

力を入れているということに驚いた。両親でも叔母や伯父でも先生でもない人が、私を守ろうとしてくれていた。私はつぶれちゃいけない人なんだ。あの時の感覚が今も残っている。私が傘をさしてあげた名前も知らない子も、そんなふうに思ってくれたらいいのに。私は雨に濡れてはいけない人なんだ。いや、ただ今日は運よく雨にあまり濡れなかっただけ、ぐらいに思ってくれるだけでもいい。ジュイがそうだったように。

ジュイは私の知る子どもたちの中で一番身近にいる現実主義者だ。「読み進めてやっとおもしろくなる」ファンタジーより「犯人が誰なのか当てるのがおもしろい」ミステリー童話を好む。物語を作るのは苦手だが、主張のある文章を書くときは紙も時間ももっと欲しいと言ってくる。『フンブとノルブ』（訳注：強欲無情な兄ノルブと正直だが無能な弟フンブの物語）の物語でフンブは「自立心が足りない」と指摘し、ジュイが仮想の国を作るときは、祝日の振替休日まで考えて決める（参考までにジュイの国の祝日は毎月末で、もし週末に重なった場合は振替休日がある。私はこの政策に賛成だ）。新しいことわざを作るときは「読みもしない本は買うな─無駄遣いするなという意味」と書いた。私に言っているわけではないだろうが、内心ヒヤっとした。いつだったか読書教室の花を見て、どことなく釈然としない顔で「でも、どうせ枯れちゃうのに……ちょっともったいなくないですか？」と言う。

「誰も見てくれないまま枯れたらもっともったいないでしょ。先生が見て、ここに来たみんなも見てるからもったいなくないよ。先生はきれいなものを見て、楽しむのにもお金を出す価値があると思うから。それに枯れていくのを見るのも好きだな。それも含めて見てるのよ」

こう説明するとジュイはまたすぐに納得する。何かに納得した瞬間に浮かぶジュイだけの表情がある。そんなジュイが「運」がいいと言ったエピソードがある。

　ジュイの英語の家庭教師の先生は難しい部分もとてもよく教えてくれるが、厳しくて宿題もたくさん出すのだそうだ。5年生のジュイは今まで英語の勉強をあまりしてこなかった分、一生懸命やらなくてはと思って大変でもがんばっているそうだ。そんな中、平日に家族で旅行に行ってきたせいで日曜日に補講を受けることになった。授業のために先生の自宅マンションに着きエレベーターに乗ったが、気づかぬうちにため息をついていた。
「でも、私の隣にいたおばさん、あ、おばさんていうのは私が思っただけで本当はおばあさんかもしれない。ともかく、その女の人が、私を見たのは初めてかもしれないじゃないですか。そうじゃないかもしれないけど。ともかく、その人が私がリュックを背負ってるからおかしいと思ったみたいで。『勉強に行くの？』と聞いてきたんです。だから『はい』と答えました。そしたら『日曜日なのに勉強するなんて大変ね』って言うんです」

　私はどういうわけかヒヤヒヤしてきた。もしかしたら、ジュイが知らない人にそういうことを言われて、気でも悪くしたらどうしようかと。
「そう言われてどうだった？」
「なんて言うんだろう？　なんか癒やされたんです。そういう日は運がいい気がして」
「癒やされたんです」と言うときジュイは右手を胸に当てた。その場

面をときどき思い出す。いつものジュイとは違っていたからでもあるし、子どもにとっては大人が環境であり、世界なんだということに改めて気がつかされたからでもある。

　近所の食堂で子ども二人と一緒にきて食事をしているお母さんに店主が「子ども用の取り皿用意しましょうか？」と先に尋ねているのを見たときや、マンションの１階の入り口玄関に自転車を引いてくる子どもを見て、すぐに扉を開けて入って自動ドアが閉まらないように押さえてくれる下の階のおばあさんを見かけるときは、こちらまで気分がよくなる。子どもたちに世界は優しい所なんだよ、と伝える瞬間を見るような気がする。

　子どもも大人に優しい。いつぞやは、マンション１階のエレベーターの前で保育園の子どもたちと遭遇したことがある。狭い空間で混み合っているところへ子どもたちは紐を握って先生の案内を待っていた。「１階の子たちが紐でつながれた罪人みたいに並んでいくの見たか？　楽しそうに笑って」夫が笑いながらそう言っていたのが忘れられない。

　一人の子が私をじっと見つめて、誰なのかやっと思い出したとでもいうように大きな声で「こんにちは！」と挨拶をした。知らない子だったが、私も似たようなトーンで「こんにちは！」と挨拶した。それが子どもたちのあるところを刺激したのだろう。子ども集団は突然あちこちから「こんにちは！」を叫んだ。一人ずつ目を見て返事をしながらやっと抜け出してきたが、最後に私と挨拶をした子が尋ねた。
「ところで誰ですか？」

誰なのかわからないのに、挨拶してくれるのが子どもなのだろう。

　こんな好意がほかにあるだろうか。

　童話『エーミールと探偵たち』には私があこがれる大人が出てくる。著者自身が扮するケストナー記者だ。エーミールと友人たちが冒険の最後にどろぼうを捕まえたとき、ケストナーが取材記者として登場する。この事件に自分が登場するというわけだ。エーミールが汽車でお金を盗まれたせいで切符を買えなかったとき、通りすがりの紳士がお金を代わりに出してくれるのだが、よく見ればそれはケストナー自身だったのだ。私はエーミールの話が終わるまでケストナーが、そのことを知らなかったところが気に入っている。エーミールに全然気がつかなかったなんて！　子どもへのささやかな好意、すでに忘れてしまった好意のおかげで子どもたちには冒険のチャンスが与えられ、それが物語の一部分になる栄光を手に入れた。物語の中の話なのに、私はものすごくケストナーが羨ましい。

　ん、でも、もう一度考えてみると、羨ましいは羨ましいが、真似はできないだろう。あんなにかっこいい大人になるには、親切にしてあげてそれを忘れなければならないのに、私にそんな自信はない。私は心が狭くてそんなふうにはできないと思う。

　それよりも夕立のせいで出会った、あの傘を一緒に使った落ち着いた子を思い出しながら、ときどきあの時の気分を思い出すほうがいい気がする。

愛 と 言 っ て も い い か な

　遠まわしに言おうとずいぶん悩んで、結局そのまま書くことにした。変なふうに思われるかもしれないが、それでも仕方ない。私は子どもを「愛情」で教えないように努力している。こうやって書いてしまうとすっきりする。

　だからといって、誰かに薄情だと言われたら、どんな誤解をされるよりも残念に思うだろう。私の心はもろいのだ。誰であれなんであれすぐに好きになるし、一度好きになったら先のことも考えずにできるだけ心を開く。その見返りを求めようとしたこともなければ、望んだこともない。だからときどき傷つくこともあるけれど、そのたびに相手を憎まないところが私のいいところ、と言えばいいところだと思う。思いやりを持って相手に接して生きていくために、否応なしに訓練された部分もあると思うけれど。

　私が子どもを「愛情」で教えない理由はまず、授業料をもらっているからだ。私は自分を選んだ子どもと保護者から授業の代価としてお金をもらう。それなのに愛情を持って教えたらどうなるだろうか。お金をもらって愛情を与えることになる。もし、子どもとの授業をやめたら、子どもに愛情を与えることも中断しなければならない。愛し続

けるのであれば、授業料を払う子ども達には不公平ではないだろうか。このあたりになるとどうやっても計算が狂い、計算している私もおかしくなる。有料授業に愛を介入させるわけにはいかない。それが私の授業倫理だ。

　私が「愛情」を持ち込まないもう1つの理由は、私自身を守るためだ。これについてもストレートに書くなら、私は思いやりに溢れていて立派な人格の持ち主ではないからだ。愛は心という資源が必要だが、資源というのはいくら多くてもだいたいは底をついてしまう。子どもに対して愛情を持って接し始めると、なんでも分かち合いたい私はすぐに破産してしまう。かりに、傷つけてくる子どもに出会ったら、耐えられるほど私の人格はできていない。こんな自分が誇らしいというわけではなく、だからといって嘘もつけない。

　子どもは理性で教える！　これが私のモットーである。子ども一人ひとりを尊重し、彼らの知的、情緒的成長を助け、よい関係のまま別れること。職業倫理と誠実な姿勢さえあれば、あえて「愛情」で教えなくとも成果はあると信じている。私は子どもを愛しているのか愛していないのかは考えない。もっと正直に言うなら、考えないようにしている。「愛」とは私にとっては、とても大きくて難しくて慎重になるものだ。知らないうちに心が表に出てしまっているかもしれないから、いつも気をつけなければと言い聞かせている。

　だから、ときどき子どもたちが、手紙やカードに「愛するキム・ソヨン先生へ」と書いてくるのを見ると突然心臓がワッと大きくなるような気がする。こんなことを言ってもらう資格が私にあるのかな？

多分、慣用的に書いたんだろうから、あまりオーバーに受け止めるのはやめよう。そう言い聞かせながらも、「愛」という文字をずっと眺めて角度を変えて手紙の写真を撮ってカードを机の前に貼っておく。そうして、目をがっと見開く。子どもは理性で教える！　子どもは理性で……愛は慣用語にすぎない……子どもは理性で！

　もちろん、私にだってちょっとした欲はある。愛情をやりとりするには私の立場が適切ではないものの、友情は分かち合いたい。当初こう考えたときは、自分で自分の奇抜さに感心したものだ。友情とは愛ほど深刻ではないものの、人生には大きな影響を与える。愛に比べて二人の間に少し距離があるのもちょうどいい。「私は子どもと友情を分かち合いたい」と言葉にしたら、なんだかとても洗練された素敵なことに思えた。

　でも、この言葉を日記に書いた瞬間、問題が１つ思い浮かんだ。友情というのは対等な関係でこそ成り立つものではないのか？　という点だ。私と子どもたちはどうだろう？　私は日頃「友だちみたいな先生」という表現は少なくとも私には似合わないと思ってきた。私は子どもたちに本を読み、考えを整理して話し、話したことを文章で書くように教える。知識は私から子どものほうへ流れていく。私のほうがたくさん持っているからだ。もちろん、子どもが自分の力で考えて作るものだが、それでも「教える」という事実は変わらない。「導く」「助ける」という言葉に代えても同じである。教えている間は私のほうに力がある。きちんと教えるためには、それを認めその力を適切に使わなければならない。

結局、子どもが親しみを覚える先生にはなれても、「友だちみたいな先生」にはなれないということを受け入れなければならなかった。「友情」という素敵な言葉を使うんだと、ここへきてそれを否定するわけにはいかない。私が固執する可能性は１つだけ残っていた。子どもが私を「友人」と思ってくれるとしたらどうだろうか？「友だちみたいな先生」ではなく、「友だち」だと思ってくれたら。先生は先生に変わりないのだが、友人でもあるとしたら？　そうなれたら、私は普段は子どもと友人としてつき合い、教えるときだけ先生をすればいい！　だから子どもたちが私を友人としてみてくれている証拠を細かく探してみた。

　子どもたちは私になんでもくれる。ヒョンソンは学校の特別授業で心血を注いで完成させたスパイダーマン（ヒョンソンが一番好きなキャラクター）の折り紙で作った立体人形を、私が遠慮したのにもかかわらずくれた。その人形は「一生禁煙宣言文」を手にしていて、それだけはとるように言ったが「あ、僕はどうせ禁煙する必要もないから」とあいまいな言葉を残していった。「どうせ？」って？　ギュミンのカバンにはいつも食べ物が入っているが、初めて食べたお菓子がおいしいと私にも必ず同じものを１つくれる。袋がクシャクシャになっていて開けるのが怖くなってしまうこともある。イェジは犬のしっぽの形のしおりを作ってくれた。私が犬好きなのを知っているからだ。セジュンは学校の運動場で幸運の豆（雨の日に植えると龍になったり天に上る木になると言われている）を４つ見つけたのだが、なんと２つも私にくれた。こういうのは友人だからできることではないだろうか？

　それから子どもたちはなんでも私と一緒にやりたがる。ジュホは大

きな絵を描くのが好きだ。私が「時間内に完成できるかな？」とそっと尋ねたら、まるで最初から話がついていたかのように「僕がこことここに色を塗るから先生はこことここを塗ってくれればいいから」と答える。さっきまで生徒と先生だったのに、突然チーム長とスタッフになったようだ。ハユンは作文を書くたびに私にも書くように言う。すべて書き終えると交換しようと言うのだ。ハユンはまた家族とでかけた先でおいしいものを食べると、「キム・ソヨン先生にも買っていこう」と言うのだとか。おかげで有名なレストランのパン、ミルクティー、ケーキなどをごちそうになっているが、ご両親の手前恐縮してしまう。アラムはハングルを覚えて一人で本を読み始めた頃、自分が大好きな本を持ってきて１、２行朗読すると私を見上げてこう言った。

「一緒に読む？」

　こんなにもスイートなお誘いもないのではないだろうか。

　最近はこんなこともあった。ちょっと前に奥歯が抜けたチョヒが、どんなふうに抜けたのか眉間にしわを寄せて説明してくれながら私に尋ねた。

「歯がぐらぐら揺れてて、もうこれは抜けるって瞬間のあの震える感じ、先生もわかるでしょう？」

「覚えてますか？」じゃなくて、「わかるでしょう？」だ。私も即９歳に戻って「もちろん！」と相づちを打った。あとになって考えてみると、最後に抜けた歯は親知らずでそれも数十年前で麻酔もしていたが、ともかく怖かったのは同じだから。私が注射が怖いと言うと、ジヨンがインフルエンザの予防接種の話をしてきて「先生も泣きわめい

たりしましたか？」と真剣に聞いてきた。ここまでくれば子どもたち
が私を友だちだと思っていると言ってもいいのではないか？

　コロナ禍で子どもたちの新学期開始が遅れて、読書教室も数カ月休
むことになった。会えない期間がどんどん延びてだんだんと心配にな
る。子ども時代の数カ月はいかに長いことか。子どもたちは新しい日
常に適応していって、私のことなどすっかり忘れてしまったらどうし
よう。親御さんたちとはメッセージや電話でのやり取りをしていたが、
子どもたちにも電話をかけてみようか。でも、子どもたちの声を聞い
たら私が泣いてしまいそうだった。私の心はあまりにももろすぎるみ
たいだ。

　そんな中、ある児童が一緒にやっていた定期プロジェクトを自分で
やりとげたと、嬉しそうに携帯メールを送ってきた。私のこと忘れて
いなかったんだ。メッセージを見ただけでうるうるしそうになるとこ
ろを見ると、やっぱり電話は無理かもしれない。また一つ意外な事実
もわかった。子どもと私との友情については、もっと考えてみなけれ
ばならないが、愛情についてはもう答えが出ていた。「私のモットー
だ」、なんだと言っている間に、愛はすでに流れていた。子どもたち
から私のほうへ。もっとたくさんあるほうから必要なほうへ。そうじゃ
なければ、こんなに私の心に愛が貯まっているわけがない。みんなに、
とても会いたい！

人 生 を 選 択 す る と い う こ と

　生や死について語ることは自分には出すぎたことのように感じられる。神聖だからとかタブー視しているからというわけではない。そういう話をするにはもっと知っているか、いっそのことあまり知らないほうがいいような気がするからだ。だからこの数日、あまり考えないように努めていた。映画を観て、おかずを作り、掃除をして、洗濯をして、また歩いて、シャワーを浴びて、音楽を聴いて、歩いた。それなのに何をしていても、ずっと涙が出ていた。だから書くことにした。この文章がどうやって終わるのか、誰かに見せられるものなのか、まだ何もわからないまま。

　多くの人々と同じように私にも死にたい瞬間があった。
　辛かった時期のことをまとめて言っているのではない。私の心が折れてしまいそうだったんであって、実際にそう言ったかどうかはわからないが、20代、30代の私は、無理したり感情を消耗したりすることが多かった。いつも気づまりな顔をしている私を見かねて姉がご飯をごちそうしてくれながら、ドラマのセリフを借りて尋ねてくれた。ソヨンも心臓がカチカチになればいいと思ってるの？　その通りだった。鈍感な人になりたかった。眠りにつきながら朝になったら死んでいれ

ばいいのにと思ったりもした。でも「死にたい」というのは別の問題
だった。意思を持って自ら死にたいということとは。

　死ななければと確信したとき私はベランダにいた。当時私は、親し
い先輩の家に間借りをしていた。先輩が私を「ハウスメイト」として
受け入れてくれたおかげで、キッチン、リビング、トイレなども気兼
ねなく使わせてもらったものの、本当は私はひと部屋分の費用しか出
していなかった。私は昼は部屋で横になって悩み事について何時間も
考えこんでいた。それでも答えが出ず、私の部屋についていた小さな
小さなベランダへ出た。古い低層マンションには冬の終わり特有の憂
うつが立ち込めていた。鋭くもあり、油断を許さない寒さが洋服の中
まで入り込んできた。しゃがみこんでぼうっと木々が揺れるのを見て
いて突然思ったのだ。ここから落ちても死なないだろうな。たかだか
４階だから。それじゃ死ぬにはどうしたらいいんだろう。考え続けて
も、死にたいという欲望が具体的すぎて感情が入り込む隙がなかった。
だからこそ、15年が過ぎた今でも、あの瞬間のことをはっきりと覚え
ているのかもしれない。

　私には長い間抱えていたのに、どうしても受け入れられない問題が
あった。やっと直面してみると問題は思ったよりずっと深刻で、解決
する方法もわからなかった。四方がふさがれた道に立っているような
気分だった。あの時は家族や花、思い出、祝福みたいな幸せに近い単
語を恐れた。見たり聞いたりするだけで心臓にとげが刺さるようだっ
たから。不幸に関連した単語は大丈夫だった。私がその中で生きてい
たから。毎日息苦しかった。残りの日々をこのまま生きていかなくて
はならないのかと思うとたまらなく怖かった。人は絶望している人に

勇気を出せと言うが、そう簡単にできることではない。少なくとも私にとっては死ぬよりも生きるほうが勇気を必要とした。あのベランダで、寒さと恐怖に震えながら思った。私に残っている勇気があるだろうか？　なかった。いくら考えてもなかった。

　その代わり2つ運があった。あのベランダが4階だったせいで考える時間があったということ。そのおかげで、私に手を差し伸べてくれる人を思い出せたということ。生きていく勇気はなかったが、その手をつかむ勇気はどうにか残っていた。重要なのは、私にとって生きることと死ぬことを選択する機会があったということ。

　私は生きるほうを選んだ。

　しまっておいたこのことを思い出したのは、5歳の子の死亡記事を読んだからだ。記事によればその子は3歳のときに母親の同居相手に虐待された。母親が通報してからは、妹と一緒に保護施設に、母親は女性シェルターに入った。ところが、母親は退所後その同居相手と結婚。継父、つまり加害者は子どもたちへの接近禁止期間が過ぎると、保護施設にいた子どもたちを連れにきた。記事は加害者の不遇な幼少時代、子どもたちを「親の手で」育てようとした意思、などを詳細に扱っていたが、私には結局は暴力被害者、それも自己防衛ができない5歳の子どもを加害者のもとに戻したという事実でしかなかった。

　家に帰ってきた子どもは「しつけ」という名目の残酷な拷問にあった。食事を与えられず、木刀で数百回叩かれ、犬と一緒にトイレに閉じこめられた。結局、しばられたまま気絶した子は腹部損傷で死んだ。検察は加害者に無期懲役を求刑したが、裁判官は懲役22年を宣告し

た。加害者が子どもの頃に両親が離婚し暴力などを受けていたというのが減刑の理由だった。死亡という取り返しのつかない最悪の結果の前でも、加害者の事情が重んじられたのだ。服役を終えれば加害者は自由を手に入れられる。

　加害者が成長過程で経験したことを犯行の正当化に利用するのは、虐待被害生存者を侮辱することだ。「虐待の連鎖」は犯罪者の弁明を強調してあげるだけの古いフレームだ。力いっぱい新たな人生を生きていこうとしている被害者に「不遇な家庭で育った予備犯罪者」の先入観を植え付ける悪い言葉だ。家庭で子どもを虐待してはならない理由は、それが子どもを痛めつけ、尊厳を奪い、傷を残すからだ。それだけでも十分な理由だ。加害者の残忍な犯行を私は「悪」という概念以外では理解できない。悪行の起承転結なんて知りたくないし、しかるべき罰を受けるよう望むだけだ。

　私が考えることは、つまり手打ち麺を食べていて、洗濯ものをたたんでいて、横断歩道の前で立っていて、突然思うことは、5歳の子の人生だ。
　すべての人間が大切だとかそういうことは言いたくない。人間というものは、尊いとかそうでないとか問いただすことのできない存在だと私は学んだ。

　誰も自分の意思で生まれたわけじゃないからこそ、世界の構成員として同じ資格を持っていると学んだ。記事についていたコメントには子どもが「咲くこともできなかった」という表現があった。書き込んだ人の同情する気持ちは理解するが、私は間違った比喩だと思う。私

の知る人生はそういうものじゃない。人生の瞬間瞬間は、芽が出てつぼみがついて花が咲いてしおれていくようには進まない。過ぎてみればそういう段階を過ぎていたかもしれないが、生きている限り、どの瞬間もみな同じ価値がある。私が言いたいのは、5歳の子も私と同じ一人の人間だということだ。

5歳の子の名前はなんだったのだろう。どんな顔をしていたのだろう。声はどうだっただろうか。何度も何度も考えてしまう。その子の人生を思うとき、何色が好きなのか、どんな漫画が好きなのか、好きな食べ物はなんなのかについても考えるべきなのに、その子にそういうものがあったのか、確信が持てずただ一人で想像してみるほかない。同時に私もふと、あえてまた考えてみるのだ。子どもも生きたかっただろうか、死にたかっただろうか。

一人で夜の散歩をしていて、やりきれなくなって泣いた。泣くのも自己満足に過ぎない気がして我慢して歩き始めたが、無駄だった。この世になぜこういうことが起きるのだろう。なぜ、こんなにまで悪い人がいて、なぜそういう人に有利な判決が下されるのだろう。こういうことは初めてでもなければ終わりでもない。こんな世の中を私は憎み続けずに生きていけるだろうか。こんな世の中をどうやって呪わずにいられようか。でもこの瞬間にも、なんとかして生きている子たちがいるじゃないか。いったいどうしたらいいというのだ。私一人が軽蔑しても、私一人が愛しても、この世はそのままで、誰かは生きている。

5歳の子には生と死を選択する機会はなかった。その子はほかの人の意思によって死んだ。私は生きることを選択できた。問題解決は相

変わらず道遠しで、ある意味では毎日、生きることを選択していると言ってもいい。私のように選択の瞬間があったにせよ、そうでないにせよ、今生きている人は生きることを選んだのだろう。そうならば、生きている人は何があっても、どうにかしなければならないのではないか。**生きることを選択するということは、前に進んでいくという意味だから。**進んでいくためには見て見ぬふりはできないから。前に進むには立ち向かわなければならないから。生きることを選択するというのはそういうことだから。

その子の冥福を祈る。旅立ちの瞬間に人間の想像を超えた慈悲深い手が差し伸べられますようにと心から祈る。天国があればいいと思う。そこでは子どもがおいしいものを食べて思い切り走り回って、幸せな人として暮らしてくれたらと思う。

靴 下 の 忘 れ 物

　授業が終わって子どもたちを見送って戻ってくると、教室はいつも
ちらかっている。一応授業の合間にも片づけているのだが、結局ちら
かっている。来週までに読んでくる本を一緒に選ぶときに取り出した
本たちが床にちらばっていて、ソファには子どもたちの隣で一緒に本
を読んだドッグマンやピーティー（デイブ・ピルキーの漫画『ドッグマン』
シリーズ主人公キャラクターたち）が「あー、やっと休める」という顔を
して横たわっている。机の上はもちろん椅子の上まで筆記具や本、ノー
ト、スケッチブック、ときには折り紙にのり、ハサミなどが転がって
いる。子どもたちが帰ってから整理するたびに、人がたった1時間の
間にここまで無秩序を作り出せるということに驚く。私だったら散ら
かすだけでもぐったりしそうなのに、どうしてあんなにも元気ハツラ
ツなのか。おそらく夜はぐっすり眠ることだろう。

　ときどき子どもが置いていったモノを見つけることもある。その日
カバンからまず取り出したモノ、つまり一番自慢したかったモノの場
合が多い。その上に紙やら本などが出てきて家に帰る頃には忘れてし
まってモノだけがぽつんと教室に残るのだ。放課後に作ってきたスノ
ウボールや誕生日プレゼントにもらったレゴフィギュア、かわいいキ

ツネの描いてあるカイロなど。一番よく見つかるのはやはり消しゴム。どういわけか子どもが置いていった消しゴムにはその子なりの歴史のようなものが感じられる。どこもかしこも丸くなっていてこれといった特徴はないというのに。手にするとあたたかい。こんななんてことないモノにも名前を書いて目に着く場所に置いておく。次に来たときに持ち帰れるように。

名前を書きにくいものもある。見つけるたびに笑ってしまうモノ、意外にもよく見つけるモノ。それは、靴下だ。某〇〇君曰く、「お母さんが礼儀だから履いていきなさいって」とのことだが、どうも本人は気が進まないようだ。靴を脱いで上がる場所だから素足では失礼だと言うお母さんと、面倒くさいと言う子がもめたのかもしれない。ともかく授業中に我慢できなくなって脱いでしまうのだ。

脱いだ靴下はすぐに自分のカバンに入れておく子もいるし、きれいにたたんで（何事もなかったように履いて帰ろうと）靴の横に置いておく子もいる。そういう子は靴下を置いていかない。何気なく脱いだ靴下をひっくり返ったままの状態でその辺に置いておく子は、家に帰るときもむじゃきに素足で帰る。捨てられたようなものを拾って元の形にひっくり返してからも、靴下だけはそのまま並べておくにはちょっと困る。だから紙袋に入れてほかのモノと同じように目に着く場所に置いておくが、そうすると翌週持ち主がやってくるまで、いろんな子たちがその袋の中を覗いて笑う。当の本人はまったく気にしていない。

いつだったかジユンが読書手帳を置いていった。番号をふって読んだ本のタイトルとひと言感想を書いておく小さな手帳だ。子どもたち

が面倒くさがる「読書記録帳」の代わりにしようと準備したものだ。今週は手帳がないから多分書いてこないだろうな、ジユンよかったね！

　私はそう思って手帳を片づけた。ところが翌週やってきたジユンは、その手帳を見るやいなや、パッと明るい表情になった。
「ここにあったんだ！　はぁ。いくら探しても見つからなくて。あぁ、よかった」

　学校や家の中をすべて探してみたのだと言う。私は当然ジユンが手帳は読書教室にあると思っているはずだと思い込んでいた。
「ごめんね。先生がお母さんに携帯メッセージでも送るべきだったね」
　ジユンは大丈夫だと言って新しく作った手帳を見せてくれた。読書手帳と似たようなサイズの手帳に1週間の間に読んだ本が記録してあった。書いてこないだろうと、思っていた私が恥ずかしくなるほどだった。ジユンはその記録を、手元に返ってきた手帳に書き写した。それから今度は手帳をすぐにカバンにしまった。ところで授業が終わってジユンを迎えにきたお母さんにその話をしたところ、お母さんがそっとこんなことを話してくれた。

「多分読書教室にあるはずだから心配しないように言ったんですけど。ジユンは絶対見つけなくちゃいけないって言い張って。あれは先生が3つあるうちのを1つ分けてくれた手帳だって、自分が選んだものだから絶対見つけなくちゃいけないって言うんです。じゃあ先生に電話しようかと言ったら、それは絶対にダメだって。ふぅ、とにかく見つかってよかったです」

話はこうだ。偶然3冊の手帳が手元にあった。同じサイズに同じキャラクターが描いてあって、表紙のイラストと中身のデザインが少し違った。ジュンにこの手帳を見せて好きなものを1冊選ばせた。1冊はほかの日に来る子に選ばせて、残りの1冊は私が使うことにすると。3人でそうやって使うことにしたものだった。あの時手帳を選んでいるときは「何もそこまで……」といった表情だったのに、本当はジュンにとってこの手帳はかなり大切なものだったようだ。私が間違っていた。万が一この手帳が読書教室にもなかったら、先生ががっかりすると思って心配したのだろうか。だからお母さんに絶対に電話しないでほしいと言ったのだろうか。これも私が間違っていたらいいのにと思う。

　大切にしているモノを失くしてしまったときの当惑を思うと、真っ先に思い浮かぶのが丸いコインケースだ。白くてジッパーが赤だった。私はそんなおしゃれなコインケースを使うのは初めてだった。なんだって私よりずっとよさそうに見えるものを使っていた姉が、譲ってくれたのだ。私はそのケースをとても気に入っていた。10歳くらいの私の手にすっぽり入って、それこそコインだけが入るサイズだった。入れておく小銭もなかったからちょこっとした小物を入れて持ち歩いていたと思う。そして、今もそのコインケースを失くした場所を覚えている。聖堂から帰宅する途中に大きな家があって、塀の四角い穴からときどき犬が顔をのぞかせた。その犬は吠えもせず、通り過ぎる人々を眺めていた。犬の見える日は私も少し離れたところからその犬を横目に家に帰った。小さくて白い、赤いジッパーのついた大切なコインケースがないことに気がついたとき、私はその家の前を通っていた。犬が出ているかどうか様子をうかがう余裕もなく固まってしまっ

た。献金する小銭をその中に入れておいたから絶対に聖堂では持っていた。だから聖堂からこの犬のいる家までの道を探せばいい。目を見開いて聖堂に戻っていった。なかった。何度も聖堂とその家の前を行ったり来たりして電柱の後ろまで、すみずみ探してみてもなかった。それでも10歳頃だから、おそらく泣いたりはしなかったと書きたいが、正直に言うと確信がない。それ以降は、どんな財布もしっくりこない。

　それからもう1つはマフラーだ。叔母がプレゼントしてくれた帽子とセットのマフラーだった。どちらもオレンジ色で帽子には太いライン、マフラーには両端に細いラインが2本とネイビーの飾りがついていた。色も感触もとても気に入っていた。でも、帽子は似合っていない気がしたのと、セットで使うのは恥ずかしくて帽子は家に置いてマフラーだけ毎日のように使っていた。ところが学校の行事で団体で出かけた帰りのバスにマフラーを置いてきてしまった。家に帰ってきてからそのことに気づいた。引き出しから帽子を取り出してきていつまでも見ていた。「どうせなら帽子を失くせばよかったのに、なんでマフラーを……」どう考えてもやっぱり泣いていた気がする。

　その後も、もちろんいろんなモノを失くしながら生きてきた。財布、傘、スカーフといったものたち。子どもの頃に失くしてしまったコインケースとマフラーほどではないにせよ、思い出すたびに悲しくなるものもある。思えば、気に入っていたからこそよく持ち歩いていて失くしてしまったのだろう。だからといって、失くすかもしれないからと、お気に入りを箱にしまったままにしておくわけにはいかない。一度でもたくさん一緒におでかけして、一度でもたくさん自慢して、一度でもたくさん触れたい。失くしてしまったモノもどこかできっと次

の瞬間を迎えているだろう。新しい持ち主に会ったかもしれないし、そのまま捨てられて終わりを迎えたかもしれない。ごくまれに、失くしたモノが戻ってくることもあるから、その瞬間を待ち続けることだってできるだろう。

　今週はイェジが白いジャンパーを置いていった。雨の日に着るのにちょうどよい夏ものの服だ。「昨日まですごくいい天気だったでしょ！
　今日は畑体験学習の日だったんだけど雨が降ってきてそれで行けなくなって、教科書を全部持ってたからカバンも重くて、こんな長袖着てたから暑くて」とブツブツ言いながら脱いでいたが、帰り際に忘れていったのだろう。私も夏だったこともあって、上着を着せてやることもなかったせいでそのまま帰した。お母さんと連絡をとってからイェジのジャンパーを片づけた。紙袋に入れようとしたら夏服とはいえとても軽い。とても小さい。

「お父さんのお友だちがコロナの検査を受けることになって、もしコロナだったらお父さんも検査を受けなきゃいけなくなるって言って、私もすごく怖くなって家でもマスクしてたんです。それで私がそのあのなんだっけ白い服（防疫服）？　はい、ああいう服があるから、白くて薄いやつなんです。それを着てズボンも白いのをはいて、それから手袋もして、サングラスまでかけてたんです。完璧に着こんで。でもそのお友だちの人はコロナじゃなかったから、安心してすぐ脱ぎました」

　先週話していた防疫服に似た服は、どうやらこのジャンパーのようだ。イェジが笑いながら話してくれて私も笑った。それでもコロナじゃ

なくてよかったと一緒に安心した。11歳の夏に経験した騒動がイェジにはこの服と一緒に記憶されるんだろうな。私はイェジの服をたたんでしまいたくなくて、そのままハンガーにかけておいた。小さくて軽かった。

＊　　デイブ・ピルキー著、木坂涼訳、『ドッグマン1，2，3』、徳間書店（日本語版）

よそんちの大人

子どもの頃というのは、ある日突然友だちが別人のように見えることがある。同じ学校に通い、一緒に遊んでいるときは自分と同じような10歳、15歳だったのに、ある瞬間年齢が同じだけで別の中身で生きているということに気づくのだ。20代ではそれぞれ職業を持ち始めて、つき合う人、でかける場所、悩み事などが変わってくるから自然なことなのだろうと思った。ときどき、よそよそしく感じられる瞬間があるが、その反面こうやってそれぞれ「社会人」になっていくのだということに、プライドも出てきていた。これが大人の世界というやつなのか、ちょっといばってみたくもあった。けれど、「ママ」になるのはどこか少し違う問題だった。友人が子どもの世話をする姿、子どものことで悩んでいる様子は私が入り込む隙間がないように見えた。

ある友人は「子どもを産んで初めて大人になる」というような感じで私に接するので、少しずつ距離ができていった。でも、それとは別にママになった友人たちを見て私が一番思ったことは「え、あの子がこんなこともできるんだ?」だった。特に、産まれたばかりの赤ちゃんを食べさせて着替えさせてお風呂に入れて寝かせてとすべての段階に私は口をあんぐりと開けてしまう。あの子あんなに神経質だったっ

け？　この子あんなにテキパキしてた？　あんなに腕の力あったの？　あんなに断固としたタイプだった？

　子どもがいる友だちの家に遊びに行って食事をするとき、子どもが虎視眈々とコチュジャンを狙って手を伸ばしたことがあった。友人はダメよと言い続けていたが、一瞬にして子どもがコチュジャンを口に入れてしまって辛くて泣き出した。すると友人が子どもを抱いて顔を洗いながら「ママがごめんね。ママが片づけなかったせいで。ママがごめん」となだめていた。

　私は驚いた。え、あんなにすぐ謝る人だったっけ？

　母親にならないと本当の大人になれないのかどうかはわからないが、今までとは違う姿が見られるのは確かな気がする。ある友人が、ヨチヨチ歩いてきて抱きしめられる赤ちゃんの背中をとんとんしながら「はいはい、私の赤ちゃん」と言っているのを見たときは、本当に不思議な気持ちになった。「はいはい、私の赤ちゃん」は子どもの頃、その友だちのことを育ててくれたおばあさんがよく言っていた言葉だ。友人が急に大人に見えた一方で、私はちょっとさみしくもなった。友人はママになり、別の人生のライフサイクルの中に入っていき、私はその外にいるような気分だった。方向とスピードが異なるところに私と友人はいた。

　読書教室を始めてから私は子育て本を一生懸命読んだ。子どもを教え、子どもと一緒に過ごすには保護者が子どもにどう接しているのか知るべきだと思ったからだ。私が子どもに間違ったサインを送ったらどうしよう、私が子どもの「発達段階」を知らずにミスをしたらどうしよう、もし私の言動が子どもをひどく傷つけてしまったらどうしよ

うと心配になった。

　でも、子育て本を読んだからといって自信が生まれたり、感覚がつかめたりするわけじゃなかった。ある本は、説明があいまいで結局「子どもによる」というふうに結論づけているから力が抜けた。ある本は、あまりにもはっきりと読者を「何も知らないママ」扱いしていて読んでいて居心地が悪かった。あまりに極端なケースを持ち出してきたり、養育者（本当は母親）を叱りつけるようにして教える本もあった。私が今すぐ子どもと接する立場でなければ読みたくない本もあった。私でもそうなのだから親だったらもっとだろう。やっと「子育て教育市場は不安を食べて成長する」という言葉が実感できた。

　一方ではこんな疑問も生まれた。内容や語調はいいとして、大部分の育児書が「子どもの個性を尊重せよ」と強調するが、どうして親の個性は尊重しないのか？　この世のママパパはみな似たような人たちなのか？　育児書だから子どもにフォーカスを当てるのは当然だが、養育者にはこんなに関心が向かなくていいのか？　そういう状態で「こういうときはこうやって」という、アプローチだけでは、結果は子どもたちも似たようになるのではないだろうか？

　私の経験では、子どもと同じくらい親御さんたちもそれぞれ個性がはっきりしている。足音も笑い声も豪快なお母さんは、本人と似たような性格の長女よりもおとなしい次女への接し方で苦戦している。専業主夫をしている、あるお父さんは通り過ぎる人とはみな挨拶を交わすほど顔が広い。あるお父さんは忙しくて子どもの顔を見られない日もあるが、それはもう子煩悩だ。ときどき子どもを連れてくることが

あるが、突然登場するお父さんを見ると、子どもが好きでしょうがないのがわかる。あるお母さんはかなりぶっきらぼうで、もしかして嫌われてるのかなと思っていたが、携帯メッセージにはさまざまな絵文字で気持ちを表現してくれる。家はそう遠くないのになるべく子どもを読書教室まで送り届ける人もいるし、一人でバスに乗せて通わせる人もいる。実に人それぞれだ。

親たちはそれぞれのやり方で子どもを育て愛している。でも私から見ると、親と同じくらい子どもも親を愛している。親よりも子どもたちと多く接しているからそう感じるのかもしれないが、事実は子どものほうがもっとたくさん愛している気がする。それに小さい子たちのほうが絶対的に愛していて、思春期にさしかかった子たちは憎みながらも愛している、度合いに違いがあるとでも言おうか。

こんなことがあった。偶然とてもかわいらしいチョコレートをいただいて、ちょうどその日授業のあった9歳のヨンドゥに分けてあげた。チョコレートは小さく、いくつか選ぶように言ったら、大喜びしながら5、6個選んだ。そのうちの1つを食べて私と絵本を読んだ。ところが、本を半分くらい読んだところでヨンドゥがふと尋ねた。

「溶けるかな？」
「ん？　何が？」
「チョコレート。手に持って家に帰ったら溶けるかな？　ママとパパと食べようと思って」
　私は一瞬言葉を失った。

私が小さなジッパーバッグにチョコレートを入れてあげるとヨンドゥは安心した表情になった。いつものように、この日もヨンドゥは家に帰るとき何度も振り返って、角を曲がりながら手を振った。ヨンドゥを見送って戻ってくる道すがら思った。私も子どもの頃、あれくらい親のことを思っていたかな？　初めて食べた小さくてかわいいチョコレートをママとパパにあげたいけど、どうしたらいいかと悩んだだろうか？　手に握りしめていったら溶けてしまうかもしれないと心配しただろうか？

　きっとそうだったと思う。ヨンドゥみたいに私も、お母さんの風邪薬の袋を胸に抱いて走っていったことがある。でも、幼い私は両親に感謝すべきだと学んだせいで、愛も感謝の表現のように思っていた気がする。ありがたいから愛するわけじゃないのに。お母さんとお父さんが大好きだから愛してたのに。恩に対するお返しではなく、愛に対する応答だった。幼い私も知らなかった、おそらく両親も知らなかったはずだ。**子どもたちは両親の愛を一方的に受け取るだけじゃない。でも、不器用で子どもの愛は親にそのまま伝わらないのかもしれない。ちょうど手に握りしめたまま溶けてしまったチョコレートみたいに。**

　もちろん親として子どもを愛するのは私が想像できない次元のことだとわかっている。子どもと一緒に生きるために人生のスピードや方向を調整し、ある瞬間までは子どものための決定やそれに伴う責任も請け負うのが養育なのではないかと私は思う。だから、子どもを育てるだけじゃなくて自分の人生を変えるところまでが養育なのではないかと。幸せでやりがいのあることだけれど、おそらくそれだけまた重いのではないか、それもまた推測しかできないけれど。

実に寒かったある冬の夜だった。あるお母さんと道でちょっと立ち話したときだった。話の最後にとうとう泣いてしまった。子どもの問題だった。助けることもできなくて、ただ一緒に泣いてしまった。どうしてよいかわからずそのお母さんをハグしたらワンワン声を出して泣かれていた。二人とも手がかじかんでも、しばらくそうしていた。あの日、家に帰ってくる道すがら、気づくと私のダウンコートの肩が涙で濡れていた。私はその染みを見て、溶けてしまったチョコレートを思い出した。

　あとでヨンドゥのお母さんと面談のときに「お母さんたちが大好きでたまらないなんて幸せですよね！　羨ましい。ヨンドゥは本当に心のあったかい子です」と言ったら、お母さんは意外なことに手のひらをふりながらこう言った。
「とんでもない、家じゃ毎日戦争なんですよ。よそんちの子はみんないい子に見えるものですよ。これからも先生、かわいがってくださいね」
「よそんち」という言葉がよかった。それじゃ私は「よそんちのママ」「よそんちのパパ」「よそんちの伯母さん、伯父さん」になれるんじゃないかな？　身近で見て学んで好きになって、やきもちやいて、安心して、心配しながら「よそんちの子」を一緒に育てられるだろう。いつか、誰かの「よそんちのおばあちゃん」にもなれるかもしれない。子どものチョコレートをジッパーバッグに入れて、お母さんに肩を貸してあげながら私にもできることがある。養育者でなくても「よそんちの大人」にならいくらでもなれる。

ママになった友人と私はそれぞれのスピードでそれぞれの方向に向かって生きていく。親になるということの真の意味を私は最後まできちんとわからないだろう。友人もまた、子どもを持たずに歳を重ねていく私の人生をただ推し量るだけだろう。けれど、以前のようにさみしくはない。互いに距離はできても、いつだって必要とあらば手を差し伸べられる場所に私はいる。相変わらず私のことを、大人になりきれないと思っている友人がいてもかまわない。大人はそういうことに神経は使わないものだ。

3 部

世界の中の子ども

今 日 は 誕 生 日 な ん だ で す ？

　読書教室を開くための準備は万端だった。本棚には童話や絵本がき
れいに並んでいた。数十年間、児童書の編集者をしながら、こだわっ
て集めた本たちで、新しいことを始める私が何より頼りにしている財
産だった。お客さんを迎えるための音楽も選び、おもてなしの茶菓子
も種類別に用意した。応対する順序や動線なども何度も点検した。出
版社で働きながら「作家との語らい」や公開セミナーなどを準備した
経験が役に立った。授業内容にも自信があった。お客さんの状況や関
心、要求に合わせて推薦する本のリストがあったし、さまざまなプロ
グラムもたっぷり準備しておいた。最後に１つだけ解決すればよかっ
た。果たしてお客さんである子どもたちに、丁寧語を使うのか、使わ
ないのかという問題。

　その時まで私が出会った子どもは大部分が本の中にいた。私はその
子どもたちのことが好きだったけれど話をしたことはなかった。姪っ
子たちや友だちの子などとはときどき会うものの、あくまでプライ
ベートな関係だったため、仕事の参考にはしないことにした。カトリッ
ク聖堂の子ども日曜学校で、教師として子どもたちと過ごした経験を
思い浮かべたものの、古過ぎて参考にはならなかった。私は、子ども

のことをあまり知らなかった。それは読書教室を準備しはじめたとき
からわかっていたことではあるが、さほど心配もしていなかった。本
についてなら、私のほうが子どもたちよりもよく知っているし、どち
らにしたって編集者が作家に対応するのと同じようにしていれば、大
きなミスはしないだろうと思っていた。初めての面談を前にして挨拶
をどうしようか悩んでいるときに、やっとこの問題が思い浮かんだの
だ。子どもに一番最初になんて挨拶したらいいんだろう？「アンニョ
ンハセヨ？」なのか「アンニョン？」なのか。

　子どもたちに丁寧語を使わなければならない理由ははっきりしてい
た。まず、仕事での出会いだという点。私は仕事として読書教室を開
いた。子どもは私に依頼をしにくる人だ。適切な本を推薦し、どう読
んだらいいか教えてほしい、というのが依頼内容。私はその依頼に応
えて報酬を得る。一言で言えば、私たちは互いを必要としている間柄
だ。私には学校の先生のような権威や「オーラ」はなかった。むしろ
子どもと距離がある立場にある私のほうが、丁寧語を使うべきだと
思った。

　それに私たちは初対面で、いきなりため口をきくわけにはいかな
かった。もちろん私のほうが年上だ。お母さんよりも年上の場合もあ
る。でも私は新人編集者時代に、あるイベントの打ち上げで初めて会
い、おそらくこの先も会うことはないだろう中年男性に「ソヨンさん、
うちの娘と同じぐらいの歳だからため口でいいよね」と言われて「ダ
メです」と答えた人間である。それはいけない。じゃあ親しくなれば
いいのか？　ダメだ。なぜなら私たちは、仕事上での関係なのだから。

それに比べると、ため口を使わなければならない理由はどうも釈然としなかった。丁寧語を使うとちょっと堅苦しくなるという程度？「○○君、こんにちは。今週の本はどうでした？　知らない単語はチェックしてみましたか？」　と話しかければ私はいいにしても、やはり親しみやすくはないだろう。やっぱり親しくなるには、ため口がいいのだろうか。いや、これはどこかで耳にするたびに不快な言葉だったはず。そうじゃなくて別の理由が必要だった。でも、見つからなかった。

　こんな悩みは、私と子どもたちがお互いにため口をきくようになるまで続いた。実際にそういうふうにしているオルタナティブスクールもあると聞いた。子どもに私をニックネームで呼ばせ、互いにため口を使うところを想像してみた。すぐに暗い気持ちになった。私はそこまでオープンマインドな人間じゃないと気がついたからだ。認めたくないが、子どもが私にため口をきいてきたら気分はよくないと思った。子どもが私に「アンニョン、コサリ？　今回の本はイマイチだった。おもしろい本にしてくれって言ったのに、どういうこと？　僕に分厚い本読ませようとしてるんでしょ？」などと言ってきたり、「コサリってなんで討論しようとか言っといて、意地ばっかりはるんだよ？」などと指摘してきたらどうしよう？　私はこういう会話に堪え切れるほどの器じゃない。何よりも私は「権威」を少し持ちたかった。権威なしに授業を進められる自信はなかった。

　結局、私はため口を子どもは丁寧語を使う、一方的な関係を選ぶことにした。「私は顧客にため口を使い、顧客は私に丁寧語を使う」というありえない設定がどうにもひっかかったが。幸いというべきか、

子どもたちはこの設定に慣れたようだ。夢中で話しているときや、絵を描くのに没頭していて、私を「おばさん！」「ママ！」と呼ぶことがときどきあっても、何気なしにため口を使う子はいなかった。まるで丁寧語がすっかり身についている人のように。

　ところが、子どもたちの丁寧語を聞いていてわかったことがある。授業時間ではなくお茶の時間、つまり雑談をするようなときはときどき丁寧語に限界が訪れるのだ。丁寧語ではどうにも表現できない感情や雰囲気があった。

　例えば、丁寧語では思い切り自慢話がしにくい。内容を伝えることはできるが、自慢のポイント「ちょっと鼻高々」な感じが伝わりにくいのだ。ある日、ジュワンが私の顔を見るなり「先生、今日僕の誕生日なんだです？」と言ってきたときに初めてわかった。ため口ならば「今日、誕生日なんだ！」と言っていただろう。それに比べて丁寧語の「今日は僕の誕生日です」ではなんだか気が抜けてしまう文章だ（声に出してみてほしい）。似たような例で、年末の授業のときにキラキラしたスカートをはいてきた私にジウンが言った「先生、素敵だよ！ですね！」がある。感嘆を表現するには「先生、素敵！」のほうがずっと生き生きと伝わるのではないだろうか？

　いつだったか道でハユンとばったり出くわし、嬉しくてあれこれ話をしていた。別れ際にハユンが手をおへその位置に重ねて腰を曲げて挨拶をしながら大きな声でこう言った。「それでは、明日会おうね」90度の挨拶と勧誘型の文章の組み合わせがちぐはぐなことがわかった。ため口をきく仲ならばおそらく「また明日！」でよかっただろう。やっぱりこっちのほうがいい気がする。丁寧語では命令をするのも難しい。

ギュミンが私にお菓子をくれるときによく言う「これ、必ず食べてください」はどうだろう。「召し上がってください」よりも「食べて」がずっと強い要求になる。相手においしいものをどうしても食べさせてあげたいという意思は、丁寧語ではうまく表現しきれない。だから私はギュミンの「食べてください」が大好きだ。

　大人同士でも、一方はため口で一方は丁寧語を使う状況になることがある。上司と部下、姑と嫁、先輩と後輩のような上下関係が生じる時だ。ここで気持ちを伝えやすいのは「ため口」を使う立場だ。丁寧語を使うほうは自分の感情を表現するというよりも相手が表現する感情を理解する側になる。人類学者キム・ヒョンギョンが『人、場所、歓待』で「尊卑法の体系は人間関係も円滑にするための感情労働を「下の立場の人」に任せる文化と結びついている」と指摘している通りだ。
　大人たちはよく「子どもたちのために言葉を選ぶ」というが、大人こそが言葉に気をつけなければならない。丁寧語を使うということ自体が序列を把握し語彙を選び感情を調節することだ。経験は大人よりも少ないが責任は大人よりもたくさん負わなければならない。子どもたちは、大人を見て話さなければならないから大変なのだ。

　それから、ため口—丁寧語関係においては、ため口を使うほうが「丁寧語を聞く」側になるのでもっと権威を手に入れられる。きちっと丁寧語を使う人より、その言葉を聞くほうがもっと上の立場の人のように見えるものだ。だから、丁寧語を使う人の意見は聞き流されやすい。そうでなくても神経を使うことの多い子どもの立場からは、割に合わないではないか。もし子どもが感情をこらえきれず言葉選びに失敗したらどうなるだろうか？　こんな言葉を聞かされて会話は終わるのだ。

「大人になんて口の利き方するの？」

　私は子どもたちの丁寧語を、当たり前だとは思わないことにした。
できることなら老若男女問わず誰もが互いに丁寧語を使い、親しい間
柄だけため口を使う世の中になればいいが、そんな日が来るまでは、
子どもの言葉にもっと耳を傾けようと決心する。子どもが表現したこ
とだけを聞くのではなく、表現できなかったことを考えよう。**子ど
もが言葉に込められなかった感情や雰囲気がなんなのか読み取れる大
人になるぞと。**

　寛大な子ども顧客のおかげで、私は編集者から読書の先生に無事に
転職できた。それに子どもの読書についての本も書いた。そのせいか
「私も子どもと仲良くしたいのにどうしたらいいのかわかりません」
「周りに子どもがいなくて子どものことがよくわかりません」という
人たちと出会うこともある。そうすると、私もいまだに子どもは難し
いと正直に答える。そして子どもに丁寧語を使うことから始めてみた
らどうかと勧める。お隣さんの子と顔を合わせたとき、甥っ子の友だ
ちを紹介されたとき、偶然にも子どもと友だちになる幸運に恵まれた
ときは、必ず丁寧語でもって話を始めてみたらどうかと。**ため口を使
えば親しくなりやすいというのは、世間知らずの大人の考えにすぎな
い。**ほかの人が私たちに、そうするときの気分を考えてみればわかる
ことだ。

　私は子ども顧客から丁寧語を聞く代わりに、見知らぬ子どもには状
況にかかわらず丁寧語を使い、相手が大人ならば使わない言葉は使わ
ないし、大人に対してしないことは子どもに対してもしないように努

める。子どもがあんまりかわいくてもジーっと見続けたり、幼稚な言葉遣いをしたりはしない。だからエレベーターで乗り合わせた上の階の子どもに「アンニョンハセヨ？」とこちらから挨拶し、スーパーのムービングウォークでふざけている子がいたら、いくら慌てても「危ないですよ！　ケガしますよ！」と丁寧語で止めに入る。ドアを開けたまま待っていてくれた子に「ありがとうございます」と言い、逆の立場でお礼を言ってくれた子には「どういたしまして」と答える。講演会場にお母さんと一緒に来た子に挨拶されれば、「失礼ですが、お名前はなんですか？」と尋ねる。

　子どもに丁寧語を使ってみると、自分の声がいかに大人らしく聞こえるのかがわかる。意外にもため口を使うときよりも会話の雰囲気はずっとやわらかくなる。子どもをリスペクトする意思が明確に表現される瞬間、大人のゆとりが自然と醸し出されるからだ。そういうのを真の権威と言ってもいいのではないだろうか。お互いに丁寧語を使う社会的な会話を子どもも遠慮はしない。丁寧語を使われた子は、緊張しながらも、もっと礼儀正しく答えようと努力する。まるでそんな会話が身についている人のように見えるようがんばる気がする。ある子は私の挨拶に野球の帽子をぱっと外して「はい、こんにちは」と挨拶してくれたりもする。そういう姿を見ると、自然に顔が紅潮して口角も上がる。そういうときは気をつけなければならない。かわいいと思っている感情を絶対に表に出してはいけない。毎回かなりの自制力が求められるが、やればできる。私たちは大人だから。

＊　キム・ヒョンギョン『人、場所、歓待』、文学と知性社

一 人 は 小 さ く て も 一 人

　ある休日の夕方、セジュンのお母さんから連絡がきた。セジュンといとこを連れてイチゴ狩りに行って来たところだと言って、子どもたちが摘んだイチゴをおすそ分けしたいということだった。セジュンのいとこたちは私と同じマンションに住んでいて、何度か顔を合わせたことがあった。子どもたちのサプライズ訪問が嬉しかったし、新鮮なイチゴももちろん嬉しかった。

　夜になってインターホンが鳴ったとき、私と夫が一緒に出てドアを開けた。9歳、7歳、4歳の子が3人並んで練習でもしたように大きな声で「こんばんは!」と挨拶した。こちらも挨拶をしてイチゴをもらい、お礼を伝えてイチゴの摘み方について3人の専門家のミニ講義を聞いている間、私の頭の中に浮かんだのは「子どもってほんとに小さいんだなぁ」ということだった。いつもとは違う環境で会ったからなのか、イチゴの箱が大きくてそう感じたのか、3人一緒に会うのは初めてだったからなのかはわからない。「こんにちは」「ありがとうございます」「さようなら」と丁寧に対応していた夫も子どものお客さんたちが乗ったエレベーターの扉が閉まると驚いたように言った。「ほんと……小さいね」

子どもと顔を合わせる仕事をしているのに子どもが「小さい」ということに改めて驚く。例えば、読書教室に新しく置いた鉢植えや装飾品を見ようと子どもたちがつま先立ちをしているときなどに。自分なりにこだわって配置したのだが、一番小さな子の基準には届かないことがある。机の一番上には青少年の本が並んでいるが、その列にどんな本があるのかわざわざ見てみたいといって9歳の子が椅子を持ってきて上がってみるときも「あぁほんとに見えないんだ」と思う。授業を始める前、先にやってきた子があとから来た子を驚かせようと、隠れているときも同じだ。教室が小さいので私から見ると隠れる場所もなさそうなのに、子どもたちは嘘みたいにちゃんと隠れて私がまず最初に驚かされる。おかげで、かくれんぼは身体が小さくないとできない遊びなんだとわかった。

　旅行先の観光案内所でお父さんとお母さんが地図やらクーポンやらを受け取り、あれこれ案内をしてもらっている間、案内デスクの上を見てみたくてたまらなくて必死になっている子どもを見たことがある。無理な姿勢で食らいつくようにして「それ何？」「どこ行くの？」「僕も見る」と質問やら意見を挟みこむ。これまでだったら「子どもたちって外に出ると言うことをきかないっていうけど、ほんとにききわけがないのね」と思っていたかもしれない。ところがあの時は読書教室で子どもたちと知り合い始めたあとだったせいか、その子はどれだけもどかしい気持ちだろうかと思った。旅行にきてウキウキしてあれこれ気になるのは私も子どもと同じだ。大切な情報が行きかう会話に混ざりたいのに、何がどうなっているのか見ることすらできないのだから、いてもたってもいられないだろう。

子どもは大人よりも小さい。だから大人たちの目にはよく見えない。大きな大人と小さな子どもが並んでいると大人が先に目に入るだろう。でも、子どもの大きさが大人の半分だからといって、大人の半分の存在なわけではない。子どもはいくら小さくても一人は一人だ。でも、大人の中にはそういうことをうっかり忘れてしまう人もいるようだ。

　マスクの販売が制限される前、近所の農協で一人当たり5枚限定でマスクを販売する日だった。私も朝から出かけて列に並び、綿マスクはあるが防疫マスクは一枚もなかったため、もし買えなかったらどうしようかと心配になった。列に並んでいた人たちも同じような気持ちだったのか重苦しい空気だった。首を伸ばして前にあと何人いるのか数えてみたりもした。ところが私の後ろから声を出して数えていたおじいさんが、前のほうに向かって叫んだ。

「ちょっとそこの、みんなマスクを買うんですか？　その子たちも買うの？」
　疑問文ではあったけれど叫びに近い声だった。ちょっとそこのにあたる女性は子どもを二人連れていた。4、5歳に見える子は立っていて、小さいほうの子は女性が抱いていた。女性は一瞬戸惑った表情でおじいさんを見ると、すぐに落ち着いて答えた。
「もちろん、この子たちも一人ずつになりますから」

　その日帰宅して、「子どももマスクを買えるのか」と聞いていたおじいさんの言葉をゆっくり思い出した。まさか子どもより大人が優先だという意味ではあるまい。ただなるべく自分に有利に計算したいという気持ちが先走ったのだろう。でなければ販売されるマスクが成人

用だと思って、子どもが「動員」されるのはふさわしくないと思ったのだろうか？　でもそれは、おじいさんが口を出すことではない。子ども用があるかもしれないし、もしなかったとしてもその状況を不当だと思う人は、ずっと列に並んでいたのに自分の分を買えなかった人であって、おじいさんではない。私は日頃人の数を数えるときに子どもを「1名」と数えることに慣れていないのだろうという結論を出した。あの人には子ども二人が大人にくっついているように見えたのだろう。もし子どもたちの体格がおじいさんくらいだったら、後ろから見てもはっきり区別できただろう。おじいさんも一人、子どもも一人だということが。

　子どもが横断歩道を渡るときに手を挙げるのは、運転手によく見えるようにするためだ。電車やバスの座席に座るとき、やっと上って座る子もいる。大人が1歩歩くとき子どもは2歩歩かなければならない。子どもは雨の日は透明の傘をさして視野を確保する。子どもが小さな体でこの世界を生きていくのは、とても大変なことなのだ。

　読書教室に犬のカレンダーをかけて、一番小さな子にもよく見えるか確認しようと腰をかがめてみたことがある。いわゆる「子どもの目線」に合わせようとしたのだ。そうすれば子どもの視野を体験できるのではないかと期待したのだが、周囲がどうもいつもとは違って感じられた。背が低いからといってすべてのものがそういうふうに見えるわけじゃないのかもしれなかった。なぜだろう？　私と子どもは背の高さだけが違うのではなくて、空間認識そのものが違うからだ。

　安野光雅は『考える子ども』で、それを遠近感の違いだと説明す

る。遠く離れたところのものの大きさは比較しにくいものだが、子ども
は大人よりも両目の間隔が狭いため「比較しにくい地点」が大人よ
りも近くにあるのだろう。正確な判断は下せない範囲が子どものほう
がもっと狭いのだと言う。子どもが突発行動をするように見えるのは、
ただコントロールがきかないからではなく、間隔が異なるせいもある
はずだ。大人になって子どもの頃に暮らしていた場所に行ってみると、
その町が「狭く」見えるのもまた、空間認識の違いのせいなのだと言う。

　だから、いくら私がテーブルの下を這うようにして目線の高さを下
げても、子どもと同じような方法で見ることはできない。空間の構造
やものの位置を知っているかどうかも、それぞれの見方に影響を与え
る。もし子どもが見る方法で見たいのならば、私が小さくなるよりも
周辺のあらゆるものが大きくなると想像するほうがいいだろう。道を
歩いていて横を見ると誰かの太ももや腰がある。バスのタイヤの直径
が私の背丈ほどもある。手を洗うには洗面台に脇までひっかけないと
ならない。スーパーのレジで自分のものがきちんと処理されているか
確かめることもできない……。

　**子どもと大人の尺度がこんなにも違うのに、世界は回ることに驚い
た。** 子どもは大きい身体をまだ体験していないから、ほかの可能性を
考える余地がないのだろう。だとすれば、私はなぜ今までそういうこ
とを考えたことがなかったのだろう？　大人になって「大きくなって
よかった。ああすっきり！」と思ってもよさそうなのに。私がゆっく
りと成長したせいもある。毎日少しずつ、ほとんど感じられないぐら
いのスピードで成長しながら、大人たち中心の世界に適応してきたの
だ。その代わり子どもの頃にどれくらい不便だったかもすっかり忘れ

てしまった。

　恥ずかしい話だが、認めなければならないことがもう1つあった。今まで私は自分が不便な思いをしてこなかったから、こうした格差について悩んだことがなかったのだ。この世にはこうした問題があふれかえっているというのに。子どもについて考えると、障害者、性的マイノリティー、移民、などさまざまなマイノリティーに対してどれほど無知で鈍感だったかに気づかされる。子どもは成長して大人になるため、マイノリティーというよりも過渡期にいる人たちではないかとも考えてみた。でも、私も自分のことを老人になる過渡期にある人だとは考えないように、子どもも未来ではなく現在を基準に考えるほうが正しい。また、子どもが青少年になり大人になる間にいつも新しい子どもがやってくる。別の言い方をすればこの世にはいつだって子どもがいる。子どもの問題は一時的な問題ではない。むしろ誰もが通り過ぎる時期だからこそ、みなが集まって悩むべきなのだ。

　子どもがぐずったり、ふざけたり、ケガをしたりする大部分は子どもが小さいという事実と関係している。子どもが椅子に座って脚をぶらぶらさせるのは、床に足が届かないからだ。もし、床につけばぶらぶらさせようにもしようがないはずだ。子どもが危険を承知で机の上にのぼって高いところにあるものを取ろうとするのは、机が大きくて頑丈に見えるからだし、上に上らないと高いところに手が届かないからでもある。3段目の階段から飛び降りるのに成功して、5段目の階段からもできそうだと思って失敗して怒られる。美術館はとても広いから大丈夫だろうと思って駆け回って叱られる。

だからこそ、子どもは大人を見て学ぶ機会が必要なのだ。子どもは
じっとしていて背だけ伸びるわけじゃない。**子どもには成長する空間
が必要なのだ。公共の場でも、子どもは「1名」として応対されるべ
きだ。**子どもだという理由で排除されるのではなく、享受できる空間
を作るほうへ大人が知恵を絞っていくべきだと思う。子どもはそうし
た空間で学び大きくなる。安全に育つ空間が必要だ。「スクールゾーン」
は最小限の空間。子どもが大人とは異なる視野を持っているという理
由で車から守られる空間。子どもが大人になるにはまず生き残らなけ
ればならないのだから。

　イチゴの箱を頭の上にかざして持ってきてくれたセジュンは今、私
よりも背の高い青少年になった。もうセジュンの目には当然のように
入ってきて、私の目には入ってこないものもあるかもしれない。セ
ジュンは知っていて、私が知らないことだって徐々に増えていくだろ
う。その差がどんどん広がってもセジュンの世代と私の世代が肩を並
べて生きていけるだろうか？　**その答えは、今日の大人がどんな世界
を築いていくかにかかっている。**

＊　安野光雅著、『考える子ども』、福音館書店

簡 単 な 問 題

　私には特別な能力が1つある。今この瞬間、何が食べたいのか正確にわかる能力だ。たいしたことではないが、私自身にとっては確実に役立つ。子どもの頃からそうだった。ただ漠然と「魚が食べたい」ではなく「鰆の焼き魚が食べたい」「太刀魚の煮つけが食べたい」という具合だ。指定するメニューが具体的ならおいしい料理を食べられる確率は高くなる。もちろん、幼い私がそれをわかっていたわけではないし、わざとそうしていたわけでもない。母は「我が家の一番ちびっこが一番面倒くさい」と言いながらも、それを作ってくれた。なぜなら突如思い浮かんだその料理をそのときに食べないと、風邪や腹痛などの、病気になるからだ。病気になったあとはその料理を食べてももう遅い。大人になった今もそうである。

　この問題について考えてみた。人はどうしてこんなに食べることに執着するのか、食べたいものを食べられないからといって具合が悪くなるだなんて、こんな意地悪あるだろうかと。でも、よく考えてみると順序は逆のようだ。食べたいものを食べられなくて具合が悪くなるのではなく、具合が悪くなる直前に何かの料理が「急に」食べたくなるのだ。ビタミンが必要なときは耳に「みかん！　みかん！」と叫び

声が聞こえ、炭水化物が必要なときは「ごはん！　山盛りの白いご飯におかずはなんでも！」という呪文が目の前にちらつく。ちょっと恥ずかしいが、自分の身体に何が必要なのかを知ることは、私にとってはとても簡単な問題だ。

　この日の正解は、いかの天ぷらだった。前の日の夜はなかなか寝つけなかったせいか、午前中ずっと身体がだるかった。お昼の支度はできていたのだが、ふと見ると雨がやんでいた。その瞬間、いかの天ぷらが思い浮かんだ。こうなったら、急げというサインだ。幸い、家の前の食堂は、まだいかの天ぷらが残っている時間だ。すぐに財布を手に走った。

　この食堂は（店主夫婦がこれを読まないことを祈って）住民の少ないわが町内にぴったりの食堂だ。通りすがりにちょっと立ち寄るのにいいという意味で、隣の町からやってきた人たちが列をなしてなかなか入れないなんてことはなさそう、という意味でもある。一説によれば、女店主の気分によって同じメニューでも味が違うそうだ。それでも、私はこの店がフランチャイズじゃないところがよかった。メニューにはトッポッキとおでん、スンデ、天ぷら、軽食類がならんでいた。店の入っている建物には病院やネットカフェ、テコンドー道場や補習塾などが入っていて、大人から子どもまでが出入りしている。

　店に入ってみると1つのテーブルに子どもが二人向かい合って何かを食べていた。男店主は見当たらず女店主がテイクアウトのお客を相手にしていた。
「1万500ウォンです」
　料理の入った袋と一緒に計算を終えてカードを渡すや、すぐにお客

がこう言った。

「ほんとに1万5000ウォンなんですか？」

「はい？」

「ほんとに1万5000ウォンなのかって」

「何がですか？　1万500ウォン……」

「あ、あそこ。あそこ1万5000ウォンなのかって」

「あそこ？　何がですか？」

「あそこ、ヒラメ二匹1万5000ウォン。ほんとなのかって」

　そのお客（性別は明かさないが…）が指さすのは、向かい側の商店街の壁面についていた古い看板だった。一度見渡せば、そこに刺身屋なんてないことはわかる小さな商店街だ。仮にわかりにくかったとしても、なぜあの人は「ちょっとお尋ねします。あそこの看板にヒラメ2匹1万5000ウォンって書いてありますが、ほんとにあの値段なんですか？　あんまり安い気がして」と尋ねられないのだろうか？　それにそれをなぜ道の反対の食堂の店主に……ここまで考えていたとき、店主はお客の顔も見ずにこう言った。

「あの店なくなってからずいぶん経ちますよ。ありがとうございました」

　私は今日、本当においしいいかの天ぷらを食べなくてはならなかったのに、店主の気分が悪かったらどうしよう、と思った瞬間、救世主が現れた。子どもたちが食べ終えて支払いに来たのだ。

「いくらですか？」

「うん、4500ウォンだよ」

　店主は、子どもたちにそっと笑顔になって優しい口調でお金を受け

取った。二度折ってある紙幣４枚とコイン５枚を店主と子どもたちが頭をつきあわせて確認した。「近所の食堂」らしい風景に私もおもわず笑顔になった。

「ありがとう。気をつけるんだよ」

「ごちそうさまでした！」

「さようなら！」

　私は「いかの天ぷら一人前、カットしてテイクアウトでお願いします！」と注文し、子どもたちが出て行ったのを確かめてから後ろを振り返った。いったい何を食べたら二人で4500ウォンですむんだろう？

　その時目に入ってきたのはお盆の上にきれいに重ねられたお皿とフォーク、コップなどだった。一度で片づけられるようにきちんと整理してあった。

　最初、それがかわいらしくまた、えらいと思った。あらあらどこで習ったのか、しっかりしてていい子だな。家でもなければ給食室でもないのに。そのまま置いていってもいいのに、それに比べて、さっきのあのお客さんはちょっと学んだほうがいいわ。大人のくせして。でもいかの天ぷらを受け取ると帰り道で徐々に、何かがこみあげてきた。いかの天ぷらでお昼にした瞬間にそれが何かはっきりした。私はものすごく怒っていた。とてもとても腹が立った。朝、新聞で「ノー・バッドペアレンツ・ゾーン」とかなんとか、言うのを目にしたのを思い出したからだ。

　いわゆる「ノー・キッズ・ゾーン」ができて批判の声があがっている中で、それじゃあ、子どもたちを「きちんと」面倒を見ない親のせいにしようという心づもりらしい。しらっと、私たちは子どものせい

にはしませんよ、大人の問題ですというやり方で。子どものいない私ですら不快になる言いぐさだというのに、どうしてその新聞記事は肯定的な語調で書かれたのだろう。「多数の食堂やカフェが子どもの出入りを禁止するせいで行く場所を失くした親たち」は「ノー・バッドペアレンツ・ゾーン」導入を積極的に歓迎する雰囲気」だなんて、首をかしげてしまった。こうした命名をきっかけに「自分を振り返る」親たちがいるという記事の主張も信じがたい。それが事実ならばあまりにも悲しい。「悪い親」なら入ってくるなという店の案内文を見て、自己検閲を経てから足を運べというのか。でなければ、私は悪い親ではないからとプライドを持って店に入って他人の視線を意識しながら子どもたちを取り締まらなければならないのだろうか？「ノー・キッズ・ゾーン」であれ「ノー・バッドペアレンツ・ゾーン」であれ、差別の言葉であることには変わりない。にらみつけるのが子どもか、親（実際にはママ）なのかが違うだけだ。

「きちんとした子」を選別してお客として受け入れるということ自体がヘイトであり差別だということに、どんな論議が必要だというのだろう？　お金を出して使う空間ですら審査を受けないとならないのが差別でないなら、何を差別と言うのだろう。「洗練された老人」や「清潔な男性」「声の小さい女性」だけをお客として迎えるといったらすぐに問題になるくせに、なぜ子どもは、こんなふうに簡単に差別されるのだろう？　重要な違いがあるにはある。彼らには嫌な顔はできないが、子どもや子どもと一緒にいる母親にはできるということ。これこそが弱者への差別である。

　私は「ノー・キッズ・ゾーン」が、単なる店を運営する人たちの利

便性のためだけとは思わない。実際にこうしたお客のせいで頭の痛い
こともないわけではないだろう。子どもが騒ぐとき、公共の空間にふ
さわしくない行動をするとき、保護者がそれを制止できないときに眉
をひそめる「ほかのお客たち」のことも考えるべきだろう。働く人自
身は我慢できても、ほかのお客たちが不快だというならば困ってしま
うだろう。また子ども連れもお客なのに彼らに注意するのも簡単では
ない。だから、問題を最初から封鎖するために、子ども客を拒否する
ことで結論を出したのかもしれない。でも、それは解決策ではなく差
別だ。そして、差別はどんな言葉でも正当化できない。

　告白するなら私も「ほかのお客たち」の一人として反省するところ
がある。私もかつてはレストランで騒ぐ子どもやその親をよく思って
いなかった。今思えば顔が赤くなるが、ただ嫌だというレベルではな
く「こんなにマナーよく食事をする私」と彼らを区別して見ていた。
若い女性たちがにぎやかにおしゃべりしているテーブルのほうは見向
きもせず、子どもたちには厳しい視線を送っていた。とても後悔して
いる。子どもたちを拒否する店側に気まずい状況を受け入れる勇気が
ないように、子どものことを我慢できない私には寛容さがなかった。
私はいい子でかわいくて礼儀正しい子だけが好きだったのだ。食堂の
お盆の上にお皿を整理して置いた子たちだけが。
　こういう態度が差別やヘイトをまき散らすことを知ってからは、意
識的に子どもたちによる騒音は無視した。列車で赤ちゃんが泣けば「赤
ちゃんも疲れてるんだろうな」と。すると驚くことに楽になった。

　しかめっつらをすることがないからだ。誰もが、こうした寛容さを
少しずつ持つようになれば、子どもも学ぶ機会を得られる。もちろん、

たまには子どもの叫び声に私も知らないうちに眉をひそめることもあるし、こういう点が店で働く人たちを当惑させる場合もある。そういう瞬間を共有しながら子どもたちを教えられないだろうか？　より多くを知りより多くを享受している人が、まだ経験のない人を待ってあげるということ。勇気と寛容が必要だが、人間としてできるはずだし、しなければならないと思う。

　子どもは公共のマナーを学ぶべきだ。どこで学ぶべきか？　当然公共の場で学ぶべきだ。ほかの人たちの行動を見て、間違った行動を正されながら学んでいく。素敵な場所で丁重に対応をしてもらいながら、それにふさわしい行動を学ぶ。子どもが大人よりも吸収力が高いことは誰もが知っていることだ。「本当に1万5000ウォンなの？」と聞いていた人よりも確実にもっと早く学べるだろう。

　いかの天ぷらを食べながら考えた。もし、「30代、40代女性お断り」「京畿道住民お断り」「韓国人お断り」をかかげている店があれば、そこへ行ってどうか入れてくれとは頼まないだろう。代わりに、店をよく覚えておいて、うっかりだとしてもその前を通ることがないように気をつける。韓国の出生率が過去最低だとニュースでは「慌てて」叫んでいる。でも、子どもを歓迎しない場所に子どもがやってくるだろうか？　あまりにも簡単な問題である。

　＊　「わが子を管理できない非常識な親の出入りを禁止、ノー・キッズ・ゾーンの代わりに「ノー・バッドペアレンツ・ゾーン」が話題」、韓国日報、2020年1月12日付。

子どもが「いる」

「先生が大きくなって子どもを産んだら、あ、先生もう大きいよね」
　ある子どもの話に大きな声で笑ってしまった。話は続いた。
「とにかく、いつか子どもを産んだらね、先生は子どもを叱る練習を
しなくちゃならないよ。先生はとってもいい子で（本当にこう言った！）
子どもを全然叱らない。うちのおばあちゃんもそうだから問題だって、
ママがいつも言ってます」

　私が子どもを叱ることなんてあるはずがない。本を読まずに来ると
きはそうするだけの理由が子どもにもあるのだし、代わりのプログラ
ムもあるから授業に支障はない。子どもたちがわざと悪さをしない限
りは叱ることもないが、まだそういう子には会っていない。たまに言
いたくないことも言わないとならない状況になるが、できるだけ子ど
もが叱られたと感じないように気をつけている。それは私が子どもの
頃、叱られるのが怖くてたまらなかったからだ。子どもはそういう私
のことを甘く見ているだろうか。いや、いい子だと言うのだから文字
通り受け取っておこう。

「先生をいい人だって思ってくれてありがとう。でも先生はもう大人

186

になったけど、子どもは産まないと思うよ」

「ええ？　どうしてですか？」

「なんとなく、そういう人もいるのよ。結婚しない人もいるでしょう？」

「あ、そっか。私の叔母さんも結婚しないで一人で暮らしてる」

「そう。結婚しても子どもを産まない人もいるんだよ」

　大人たちの話に比べると、子どもの「先生が大きくなったら」という発言は本当にかわいらしい想像だ。私は結婚したし、子どもと関わる仕事をしている。これは、30代前半までは家族計画についてさまざまな質問や意見、主張をあちこちで何度もされてきたということを意味する。

　聖堂の子ども日曜学校の教師だった大学生のときは、「先生は子ども好きだから、結婚したらいいお母さんになるでしょうね」とよく言われた。いい意味で言ってくれてるのはわかるが、思えば結婚と出産、育児を一度に既成事実化する言葉だった。児童書の編集をしているときは「子どもを産まないと子どもの本は作れない」と言われた。作品に対してある意見を出したときに聞いた言葉「キム代理はママじゃないからわからない」とも通じる意見だ。ママだからわかるし、ママだからより理解できる部分もあるだろうけれど、業務の専門性をそうやって1つの枠にはめなくてはならないのか疑問だった。

　結婚してから周りの大人たちに言われたことは省略しよう。友人ですら「新婚も子ども産んだらおしまいだから、今のうちに楽しんで」から「どうせ産むなら早く」「とりあえず、まず産んでみたら」まで、

激励なのか脅しなのかわからない言葉を、私が何か言ったわけでもないのに浴びせられたものだった。子どもがいないというと、急に「気の毒」がる人もいた。結婚もしたし子どもたちが通う読書教室も開いたのに、子どもがいないなんてかわいそうと言うのだった。その時は正式に抗議して謝ってもらって気持ちは収まったものの、いまだに頭では理解はできない。子どもがいないとなぜかわいそうなの？

「どうして産まないの？」という質問もよくされる。私は「どうして産んだの？」と聞かないのに。「産まないとあとで後悔するよ」とも言われたことがあった。私は「産んだらあとで後悔するよ」とは言わないのに。さすがに、そんなふうに言い返すわけにいかないから、悔しい思いをたくさんしてきた。子どものいない人生を生きる女性として、言われることや言いたいことは本1冊書くぐらいでは足りないくらいだ（実際に本が出ている。チェ・ジウン著『ママにはならないことにしました』は丸ごと私の気持ちと重なる本だ）。

でも、「私が子どもを産まないことにした理由」を語ることと「子どもを産まないことが答えだ」「この国は亡ぶべき」というのは別の問題だ。いわゆる「人類愛」を失わせるような話題がもちあがると、カッとなってそういうことを口にする人たちがいる。本当は私も、国や社会が女性や子どもにこんなにも乱暴なのを見ると、この国に本当に人口減少を心配する資格があるのかと思うときがある。大きな枠で同じ意見の人たち同士で言い争う姿を見るのもうんざりだ。私の心も本当に絶望に近い状態になって、あと一歩踏み出したら呪いの絶壁に落ちてしまいそうになるときもある。それでもありったけの力を振り絞って、そういう言葉を飲み込もうとする。

もし本当に、国が「亡びる」ならば、それはどうやって進行するのだろう？　朝鮮半島が一度に海の底に沈むとか、全国民がみんな身ひとつで追放されて他人の国をうろついたりとかはしないだろう。それよりも弱い人から順番に犠牲になるだろう。空気が悪くなれば、きれいな空気を買えない人たちが打撃を受ける。病気が流行れば、安全な場所にいられない人たちが病にさらされる。気候変動で大雨が続けば、住居環境の悪い人、仕事を休めない人たちが被害を受ける。「亡びよ！」という呪いは腹いせにはなるかもしれないが、弱者たちにどういう意味になるか考えるべきだと思う。

　ちょっと前にもＳＮＳで「みなさん、子どもを産まないようにしましょう」という文章を見てギョっとした。出生率のためではなく、この瞬間を生きていく「子ども」のためにだ。社会が女性に「子どもを産め」と言ってはならないように、私たちも「子どもを産まないようにしよう」と言い返してはいけないと思う。社会に、子どもを持つ資格がないから産んであげないと、罰でも与えるかのごとく発言すべきではないと思う。この言葉の逆を言えば、社会に資格があるなら賞として子どもを産んであげてもいい、という意味にもなるからだ。人間はそういうものではない。子どもはそういう存在ではない。子どもを産んではいけないという言葉は、本来の意図とは違うだろうが、その結末が結局は子どもに向けられる。子どもが生まれてはいけないものになってしまう。未来にだけ当てはまる言葉なら大丈夫だろうか？未来の子どもは生まれたときから否定されることになる。

　そして、この言葉は結局子どもと養育者を孤立させる。子どもを産んで育てることをただ、個人の問題にしてしまう。子どもを産まない

人は責任から逃れるだろう。おかしいではないか。この話が弱者を排除しようという結論に向かうのは。

　社会が、国家が不当な言葉を発するとき、私たちは反対の言葉を探せばいい。正しい言葉を探すのだ。私たちが社会に言える言葉、言うべき言葉は女性を道具として見るなということで、子どもを産み育ててよい世界を作ろうということだ。私たちそれぞれの性別や子どもがいるいないが基準にはならない。私たちが子どものために声を上げるのは、子ども自らはなかなかできないからだ。弱者に安全な世界は、結局誰にとっても安全な世界だ。私たちだって、いつ誰が弱者になるかわからない。私たちは力を合わせるべきなのだ。私はそれが結局個人を守ることだと信じている。

　いつだって絶望のほうが簡単だ。絶望は何もせずに手に入られるし、何を預けても喜んで受け取ってくれる。希望はその反対だ。手にしようとした瞬間から要求が多い。望むことがあるなら、じっとしていてはいけないし、見て見ぬふりもダメだし、ひいては絶望する覚悟もしなければならないと言って私たちを叱る。希望はいつも絶望より容赦ない。だから私たちを前に歩ませる。

　私たちに子どもがいようといまいと、私たちが子どもと親しかろうとそうでなかろうと、世界には子どもが「いる」。絶望の言葉を吐き出す前に、子どものことを思い浮かべてみてほしい。

＊　チェ・ジウン著、『ママにはならないことにしました』、晶文社（日本語版）

190

~~~~~~

誤　解

~~~~~~

　近所の図書館の子ども資料室でおもしろい掲示物を見たことがある。「皆さんはどんな言葉を言われると嫌な気分になりますか？」という質問に子どもたちが答えを書き込めるようになっている。ある子どものメモが目についた。

「お母さんが、きくらげ食べなさいと言うとき」
　見た目も真っ黒でグニャグニャしてるうえにヌルヌルして味も香りも感じられない、きくらげ。そういう食感が好きじゃない子どもならば、なかなか手が出ないだろうし、名前まで「きくらげ（韓国語で〈蚊きのこ〉」となるのだから仕方がない。なのに食べなさいと言うお母さんのことも理解できなかったはずだ。その後、酢豚に入ったきくらげを見るたびに、ときどきその子のことを思い出す。もう誤解は解けただろうか？　名前についての誤解だけでも早めに解けているといいのだけれど。

　子どもの頃、ご近所さんの家で見慣れない果物を見た。丸いとも細長いとも言える形に黄色い皮のところどころに斑点がついている。でも、香りはとてもよくて目の前が明るくなるようだった。その家のお

ばさんに、なんの果物かと尋ねたら「モガ」と答えた。

「これ、なんていう名前なんですか」

「うん、モガ」

「これ、このこと、この名前です」

「モガ」

　おばさんに何かあったのかと思ってだんだん怖くなってきた頃、おばさんがニコっとして、私を見てゆっくりと、また言った。「モ、グァ」。おかげで果物の名前もわかって、おばさんへの誤解も解けた。おそらくおばあさんになるまで、花梨を見るたびに思い出すだろう。

　読書教室の子どもたちもときどき誤解をする。テフンは11歳になるまで「チャム　クラッカー」を「チョム　クラッカー」だと思っていた。私が「チャム」クラッカーと読むのだと教えてあげると、本当に驚いていた。自分も完全に「チョム」だと思っていたわけではないが、それでも「チャム」だとは思いもしなかったのだろう。タフンはお昼にとてもおいしいものを食べたのだと言って「ドレゴンナムルだったかそういうのでした。（しばし悩む）うん、ドレゴンナムル。ちょっと龍みたいでした」と言ったこともある。確かに「コンドゥレナムル（山菜の一種）」の語感って独特だものね。

　旅行地で子どもたちにあげるお土産に黒砂糖を買ってきたとき、ソウンはすぐに断った。普段は甘いものが好きなソウンが断るなんて不思議に思い残念だった。

「これ甘いよ。そのまま食べてもおいしいの。飴みたい」

　すると疑心に満ちた表情でソウンがこう尋ねた。

「どうしたら土でお砂糖ができるんですか？」

私は笑ってしまいそうなのを、グッとこらえて答えた。
「土のフクじゃなくて、黒いフクよ。キヨクだけのほうのね」
「それじゃ、キヨク（ハングルの子音）を２回書くの？」

　突如、喜ぶソウンに「もちろん！」とふざけたい気持ちをやっと抑えた。なぜかソウンはキヨクを一度しか書かないのは、おかしいと感じたようだった。「土を書くときは子音が２つあるのに、黒のときは１つしか書かないなんて不思議で」という言葉に明確に答えてあげられなかった。ソウンが誤解を解いて楽しそうに黒砂糖の味をかみしめているからよかったと思った。

　<mark>子どもは成長しながら世界について大小さまざまな誤解を解いていく。</mark>でも、大人から見ると、子どもの誤解はだいたい単純でそういう誤解のせいで起こることもみな、おもしろいエピソードに思われるものだ。私もそうだし、ときに子どもをちょっとからかってもいいような気分になったりする。「無知」からくることだから、きちんと教えてあげれば誤解はすぐに解けて、子どもも一緒に笑えるような気がするのだ。でも、残念なことに子どもにとっては、問題はそれほど簡単じゃない。「あれは誤解だった」「冗談だよ」と言う側と言われる側の心情はまったく違って、このことはいくら無神経な大人でも想像できると思う。

　前述した「父親たちが子育てに奮闘する」というコンセプトのバラエティ番組で父親たちがわが子(子ども出演者)を怖がらせて問題になったという。ある子はボクシングの試合をしていたお父さんが目の前で死んだと誤解し、ある子は自分が食べた料理の中の牛の骨がお父さん

の腰の骨だと誤解したというのだ。2つ目の話は記事を読んでも信じられなくて何度か読み直した。幸い、視聴者からも抗議があり、児童人権団体まで出てきて放送通信委員会がこの番組への審議を申請した。「子どもをからかいの相手としてみなすことは、視聴者のみならず韓国社会の児童に対する態度に影響を及ぼす」（セーブ・ザ・チルドレン）という指摘を読んで、遅ればせながら公論化されたことにホッと胸をなでおろした。

　一方で、番組を作った大人たちが子どもを「情緒的に虐待」するつもりがあったとか、「児童に恐怖心を植えつけこれを勝手に消費」しようという積極的な意図があったとは思わない。長年の番組の視聴者たちもそんな悪趣味ではないだろう。真剣だろうと、視聴率のためだろうと、大人は子どものかわいくて純粋な姿を演出したかったのだろうし、視聴者たちが観たいのもそういうシーンだったはずだ。私は、刺激的な演出よりもまさにこの点が根本的な問題だと思う。子どもを鑑賞したがるという点だ。

　大人の中には、子どもをとても愛するがゆえに、泣かせたがる人がいる。子どもが泣く姿さえもかわいいからなのだろう。ただふざけて、子どもの誤解を誘導して泣かせる。その泣く姿を「反応」と思って楽しむ。ちょっとだから、泣いたあとになだめればいいから、本当に大ごとではないから、かわいいから、という理由なのだから大丈夫と思っているのだろう。もしかしたら、ここまで真剣に考えずに、子どもはみんなそうやって大きくなるものなんだと、軽く考えているかもしれない。どちらにせよ、状況をコントロールできると信じていることは確かだ。子どもたちを泣かせることも、その涙を止めることもできると。

こういう状況で子どもは対象化される。大人が好き勝手にできる存在になる。子どもを愛しているからといって、必ずしも子どもを尊重できるわけではない。大人が子どもを尊重しないで自己中心的に愛を表現するとき、むしろその愛は刃となって子どもを傷つけ大人を合理化する。好きでそうしていることに対して私があまりにも批判的だと言うならば、「好きでいじめる」言い訳がどれほど多くの弊害を生んできたか考えてみてほしい。子どもを鑑賞するな。子どもは大人を楽しませる存在じゃない。そんな存在だと思うことこそ、大人の大きな誤解なのだ。

　私は子どもがテレビに出ることを反対はしない。むしろ今よりももっとたくさん出てくれたらと思う。子どもが言いたいことを言って、知りたいことを尋ねて、同い歳の子たちと遊ぶ姿を観られたらと思う。日曜日の夜、家族で観るテレビ番組なら子どもが主人公のほうがいいだろう。「リアリティーバラエティ」で有名芸能人の子どもを見物するよりも、そういう内容のほうがずっと子どもを理解できると思う。子どものかわいくて愛らしい姿だけを見たがる大人ならば、渋い顔をしそうな番組が、子どもたちに一番必要な番組なのかもしれない。

　一方で、私はこんなふうにも思う。子どもの反応を望む大人たちは、なぜ泣かそうとばかりするのだろうかと。

　内戦の終わらないシリアのある家庭で、父親と子どもの撮った映像を見た。外で爆弾が落とされるたびに父親と子どもは大きな声で笑った。父親は子どもが怖がるのではないかと、空襲が起きる状況を利用して遊びを考えついたのだという。爆弾が落ちた音は画面の外にいる

私にも恐ろしく聞こえた。でも二人はこの世にこんなにおもしろい遊びはないとでもいうように爆笑する。子どもは本当に空襲が遊びだと思っていたのだろうか？　あるいは怖いのは変わらないが父親を信じて必死で誤解しようとしたのだろうか。それはわからないけれど、1つだけはっきりしている。この子は父親の愛だけは少しも誤解していないということ。考えてみれば複雑な話ではないのだ。世界には子どもを泣かせる大人と子どもを笑わせる大人がいる。どちらがよい大人か、私たちは知っている。

子 ど も は 政 治 的 な 存 在

　ウンギュはいつも質問が多い。子どもに質問が多いのは当たり前の
ことで、また喜ばしいことだが、ウンギュの質問はどこか鋭いところ
がある。例えば「運動会ってどうしてするんですか？　そのために練
習したり、試合のせいでケンカになったりするのに。体力をつけるな
ら体育の授業を増やすだけじゃダメなんですか？」といった質問。「そ
うね……団体でのチームワーク……競争を通じて……お祭り……」み
たいな、私自身もそれほど信じていない言葉を並びたてながら冷や汗
が出る。

「デモがあると、そこに何人集まったか警察が発表する人数とデモし
た人たちが発表する人数が違うのはどうしてですか？　どうやって数
えるんだろう？」
「PM2.5はほんとに中国から来てるんですか？　じゃあ永遠に解決
しないのかな？」
「メーデーにどうして学校は休みにならないんですか？（小学生は労働
者じゃないでしょ）。先生は労働者じゃないですか」

　私は子どもの質問に答える職務を持った人として、できるだけ誠実

に答えているほうだと思う。そうしているとあるときは聴聞会に呼ばれたような気分になることもある。私がなんと答えようと次の質問が準備されているという点でも。今までの審議を考えてみると、ウンギュは私を困らせようとしているわけじゃない。反抗的な態度でもない。ニュースをよく見ているがあまりにもスピーディーに通り過ぎてしまうので、何を言っているのかわからないと言って尋ねにくるのだ。

　文在寅大統領と金正恩国務委員長が南北首脳会談を開いたとき、ウンギュは「あれを見ることになるとは思わなかった、驚きました」「北朝鮮がほかの国とは行き来がないから堅苦しいかと思ったけれど、そうでもないみたいでよかったと思いました」とかなり興奮し歓迎している様子だった。どのテレビ局でも映像が流れてくるから、今回はきちんと観られたというのもウンギュにとってはよかった。ところが、その後ウンギュはこんな質問をした。

「学校ではどうして『統一のいいところ』ばかり教えるんですか？」
「どうして？　ウンギュは統一に反対なの？」
「賛成か反対かよくわからない。統一したらよくないところは教えてくれないから」
「今は分断している状態だから、これを変えたらいい点を説明しようとしてるのよ」
「でも、大人の中には反対してる人もいるでしょう。そういうデモもあるし。それなら子どもにだって両方の言い分を教えなきゃいけないんじゃないかな。学校は公教育なんだから（ウンギュ自身の表現である）『いいところ』ばかり教えるのは間違ってると思います」

答えに苦心している間に今度は質問というよりも、抗弁に近い言葉が続いた。

「もし統一したら、その時は今の子どもたちが大きくなって大人になってると思うけど、その時に問題が起きたらどうするの？　いいところしか知らないと準備できないまま『こんなはずじゃ』って、なかったことにはできないでしょう。そのときは僕らが解決しなくちゃならないのに、どうして子どもには意見を聞かないんですか？」

　私は統一というものがある日突然発表されるわけではないし、さまざまな段階を経て合意して、実際にいろいろ試してみて、修正していきながら一緒に進めていくはずだと説明した。こうして重要な問題であればあるほど、目の前の損得で考えるのではなくて、歴史を振り返ったり世界情勢を考えて私たちの国に一番いい方法はなんなのか探していくんだよと。ウンギュはよく質問する代わりに答えにもきちんと耳を傾ける。その日も幸い、私の答えにある程度満足した様子だった。

　読書教室がなかったら、私はウンギュのような子に会っても「子どもなのにもう政治に興味があるのね。何も知らないくせして？」と好ましく思わなかったかもしれない。「もしかして、子どもにあれこれ吹き込む人が周りにいるのでは？」と疑ったかもしれない。統一問題も私は当然のことと思ってきたから「最近の子たちは歴史も知らず、統一についても打算的に考えるんだな」と嘆いていたかもしれない。あるいは小さい頃から政治に関心を持つべきだと、結局は政治体制といったようなものを理論的に教えることで満足していたかもしれない。

　でも、子どもたちと一緒に『子どもたちの韓国史』や『どきどき韓国史』などの本を読んで、改めて考える機会になった。中でも「4.19

革命」に参加した子どもたちの写真を見てとても驚いた。私の記憶の中の4.19革命は大学生、高校生が主軸になって独裁打倒を叫んでいたからだった。恥ずかしながら私は当時のデモ隊に子どもがいたことは知らなかった。私が忘れていたのか、習っていなかったのかもわからなかった。

あとになってイ・ジュヨンの『子ども文化運動史』を読むと、「歴史を書く人たちも4.19革命に子どもが果たした役割についてはあまり扱っていない」と惜しんでいる部分が出てきた。子どもが何かを知って出てきたのではなく、大人が教えたか「偶然デモ現場にいて銃に打たれて死んだのだろう」と推測してしまうのだ。実際、私も初めは疑問に思った。1960年当時は今のように情報がスピーディーに広まりはしなかったはずだし、子どもたちはどうやって知ったのだろうか？「偶然」だというにはあまりにも多くの子たちが犠牲になった。

　パク・ドイル（ソンナム小学校4年、銃傷）

　アン・ビョンチェ（トンシン小学校4年、デモ隊列で）

　イム・ドンソン（チュンアム小学校4年、銃傷）

　チョン・テソン（クモ小学校6年、銃傷）

　カン・ソグォン（チョンジュ小学校5年、銃傷）

　チョン・ハンスン（スソン小学校6年、銃傷）

『子ども文化運動史』に出てくる子どもたちだけでもこんなにいる。

1960年4月の小学生。どうしても実感が湧かなくて紙の上に名前を書いて数字を描いて想像してみた。この子たちは1948〜50年に生まれた子たちで、ほぼ親世代と言ってもよかった。日帝強制占領期を体験していなかったはずだ。彼らの親がだいたい1920年前後の生ま

れだとすれば、彼らは暴力的な植民地支配状況で幼少時代を過ごしていたのだろう。それよりも年上の世代は大韓帝国末期に生まれていたはずだから、子どもとして見て聞いたものもまたまったく違っていたはずだ。

　そう考えると1960年、大人たちもなかなか積極的ではなかったこの大規模デモに子どもたちがなぜ参加したのか、なんとなく察しがついた。この子たちは国民が主人になるという言葉がどういう意味なのか、もしかしたら大人よりもよく知っていたのではないか？　学校で習ったこと、世間で見たものがあったのだから。だから描いてみたのかもしれない。民主主義の国家がどんな姿で「あるべき」なのかを。それはこれまでのどの世代も描いてみたことがなかった姿だ。見たことも聞いたこともなかったのだから。

　子どもは大人に比べて歴史知識や政治の細かい内容を知ることは難しい。一方では、だからこそ現在がよりはっきりとする。脈絡だとか情勢だとか注釈なしに、本文だけを読む人たちだ。1960年の子どもたちは戦争以降の混乱の中で政界の事件や政治家の名前、政治の歴程や秘話などは知らなかっただろう。代わりに社会が送る最も鮮明なメッセージは受け取ったのかもしれない。不正選挙、独裁、死。どれも民主主義の反対側にある言葉たちだ。子どもの直感は何かを見抜くものすごい能力ではなく、ありのままをそのまま見る力だ。常に正確ではないにせよ、そうかといって何も知らないわけではない。知らないはずがない。チョン・ハンスン君が死亡したあと、スソン小学校の子どもたちがデモに参加したとき、4年生のカン・ミョンヒさんはこんな詩を書いたという。

……私は知っている　私たちは知っている
おかあさんおとうさんが何も言わなくても
おにいさんやおねえさんたちが
なぜ血を流したのかを……

2020年4月、ウンギュは小学校6年生だ。ウンギュは現職大統領が罷免されるのも、南と北の首脳が何度も会った姿も目にした。平昌冬季オリンピックのときはチケットが手に入ったと言って家族で観覧に行ってきた帰りにマスコットのスホラン人形も買ったといって喜んだ。毎日スマホでPM2.5をチェックし、今日は体育の授業ができるかどうか予想する。「ノー・キッズ・ゾーン」の論議も知っている。毎年春になると学校でセウォル号の追悼行事がある。黄色い船、黄色いリボン、黄色い鳥を描いて折る。今年はコロナのため、オンラインで先生やクラスメートと春を迎えている。このさなかに高級酒場に出入りする大人たちが1日に、1カ所で500人にもなるというニュースも見たはずだ。ウンギュは今どんなメッセージを一番はっきりと受け取っているだろうか?

子どもは政治的な存在だ。子どもと政治を結び付けることが都合が悪いのなら、おそらく政治が子どもに送るメッセージが後ろめたいからだ。大人が見ても恥ずかしく腹の立つ場面を子どもたちに見せたくはないだろう。そういう問題であればあるほど、子どもに説明するのは難しい。子どもはそういう大人たちの姿までも見ている。逃げ場所はない。この春が過ぎてまた顔を見合わせたら、ウンギュからあふれるだろう質問を思って今から緊張する。春だからといってボケっとし

ていないで一生懸命勉強しよう。目を見開いて耳をすませて。

*　　歴史教育研究所著、イ・ギョンソク絵『子どもたちの韓国史』、ヒューマンオリニ

**　　キム・ジョンヨブ、パク・チャンヒ、ペ・ソンホ著、チョン・ミファ絵『どきどき韓国史1，2』、ヨアンチョルブック

***　　イ・ジュヨン著、『子ども文化運動史』、ボリ（犠牲になった子どもたちの名前に誤字があり、『国立4.19民主墓地』サイトで確認し訂正した）

子どもの日に望むこと

私は子どもの日が 5 月 5 日というところが気に入っている。まず「5月5日子どもの日」というときのやわらかい発音もいい。同じ数字が2回出てきて数字で書くにせよ、ハングルで書くにせよ形もいい。日にちも覚えやすい。初夏のさわやかな陽気も子どもの日にぴったりだ。そんなことを思うたびに「バン・ジョンファン先生（童話作家）はなんてよい日を選んだんだろう？」と一人ニコニコしてしまった。だから1923年の初めての子どもの日は「5月1日」で、その後5月の最初の日曜日に決まり、植民地から解放されて5月5日になったということを知ってからは少し鼻白んでしまった。また勝手に想像の翼を広げすぎたみたい。

でも、365日の中で、なぜあえて5月1日を子どもの日にしたのだろう？　その日がメーデーだからだったと言う。そもそも「子ども」と名づけて子どもの日を作った大人の運動家たちは労働者が解放されるように子どもも解放されるべきだと考えた。最初の子どもの日の行事のときに配られた「少年運動の基礎条件」の1ページ目にはこう書かれている。

「子どもを未来の倫理的圧迫から解放し、彼らに対する完全な人格的

猶予を許可せよ」

（『セットンフェ子ども運動史』）

　子どもを「解放」することは文字通り「放してあげること」だ。放
された子どもたちは行進した。見えなかった子どもたちが見えてきた。
行進は一人ではできない。私はそういう点で「子どもの日」は子ども
という世代を見つけ、守り、立ち上がらせる日だと思う。

　今日、子どもたちにとって、子どもの日はプレゼントをもらう日、
外食する日、程度に思われているようだ。地域ごとに自治体のイベン
トもあるが、記念公演や特技自慢、○○授賞式などで内容はどこも同
じようなものだ。イベントならショッピングモールや遊園地のイベン
トのほうがもっと子どもたちの興味を引く。子どもたちにしてみれば
学校も塾も行かず、この日は１日思い切り遊べるからよいが、私はど
こかむなしさも覚える。こんな子どもの日なら誕生日やクリスマスと
たいして変わらない。個人的に楽しく、騒いで過ごす１日が子どもの
日の本当の意味ではないと思うのだ。何よりもこんなに各自がそれぞ
れ過ごすのであれば、子どもたちは本当に「解放」されたのかわから
ない。影にいる子、祝ってもらえない子を見つけるのも難しい。子ど
もがいかにたくさんいて、どんな姿をしているのか、今までどこでど
うやって過ごしていたのか確かめるのも難しい。

　子どもたちは残念に思うかもしれないが、私は子どもの日は子ども
の願いを聞いてあげるだけで終わってはならないと思う。それよりも
子どもが「解放された存在」であるかどうか点検する日であってほし
い。解放された人たちらしく、自由なのか、安全なのか、平等なのか、

206

権利を知り保証されているかどうか、子どもと大人が一緒に点検して間違ったことは正していく日に。そのためには子どもの日は今よりももっと、重要な1日になるべきではないだろうか。

　こんな子どもの日はどうだろう？

　子どもの日には誰もが木の芽のデザインバッヂをつける。子どもでも大人でも誰でも、養育者であれ、そうでない人であれ誰でも。バッヂをつけた大人は子どもの日を祝う気持ちを表現できる。子どもに対する尊重を胸に刻むこともできるだろう。バッヂをつけた大人たちはこの日出会った子どもたちに「こんにちは」と挨拶したらいいと思う。ドアを開けてあげたり、順番を譲ってあげたり、ちょっとした思いやりを伝えたい。いざやってみれば、難しいことじゃないとわかるはずだ。

　子どもはバッヂをつけることで、まずプライドを感じられるといいなと思う。社会の構成員として特別にスポットライトを浴びる1日。どこへ行っても温かくもてなしてもらえる日なんだと期待して、気分よくでかけてほしい。子ども同士、バッヂをつけた子を見てお互いに気づくだろう。女の子、男の子、障害のある子、肌の色が違う子、背の高い子、低い子、みながみなに気づいてほしい。お互いを尊重して力を合わせてこの社会の仲間なんだということを、なんとなくでもいいから感じてほしい。国でバッヂを作って公共の場所に用意しておき、学校でも配ったらどうだろう？　バッヂはしっかりしたものがいい。子どももおばあさんも一目で見分けがつくように。

　この子どもたちがお互いとどこで出会うのか。まず地方自治体で子どものための公演を盛大に開いてあげてほしい。選挙をするときみた

いに、地域を分けて公演会場を選べるようにするのだ。区域別に公演を2つ以上行い、地域の子どもたちすべてに郵送で公演情報を知らせて選べるようにする。演劇、ミュージカル、音楽、なんでもいい。俳優たちを招待してもいいし、地域の大人たちが参加するのもいい。公演の終わりに子どもたちから評価してもらい、選ばれた優秀公演は全国を巡回できるようにする！　この公演会場は子どもが歩いても行ける場所だといい。子どもたちだけでも出かけられるように。

こういったイベントを繰り返せば、地域ごとに「子ども会館」が必要なこともわかるだろう。図書館や講堂や学校の施設も使えるが、私は「子ども専用空間」があればいいのにと思う。図書館はいい場所だが、子どものしたいことがすべて本と関連しているわけではない。学校はいい公共施設だが、子どものことすべてを教育の枠の中だけでは進められない。子どもが図書館や学校の外で子ども専用の空間を持てない理由は何かあるのだろうか？

やむを得ず学校の講堂で公演するなら、子どもが通っている学校ではなく別の学校に行って観覧するように企画しよう。「学校」という空間を客観的に見る一方、知らない子どもたちと間接的にでも出会うきっかけになると思う。大人たちは地域のすべての子どもたちが公演を見られるように手伝ってあげる。保護者が関心を持っていなかったり、情報を知らなかったりしても、子どもに機会が与えられるように公務員や町内会の代表などが積極的に支援するべきだと思う。地域の子どもたちの世話は先生だけの仕事ではない。地域社会全体が子どもと向き合い、子どもをケアしてほしい。

子どもの日は、どのテレビ局でも１日中子どもが視聴するための番組を放送してほしいとも思う。アニメ映画だけ流せというのではない。既存の番組も子ども視聴者を考慮してその日の放送分を制作してほしいのだ。ドラマなら子どもが観る前提でその回を構成し、参加型番組なら子どもを招待したり、子どもに関連した内容にするのだ。もちろんニュースも子ども視聴者が観る前提で編集する。できるだけ優しい言葉で報道し、難しい時事用語が出てきたら了解を求める。大人たちの恥ずべき事件を告発するニュースを伝えるときも同じだ。

「次のニュースの前にまず子ども視聴者の皆さんにお詫び申し上げます」
「この問題は我々が必ず、今後も取材を続けて解決の過程をお伝えできるよう最善を尽くします」
　もちろん子どもと関連のあるニュースに重点を置いて報道してほしい。子どもが理解し意見を持てるようなやり方で。

　中央防疫対策本部のコロナ関連子ども特集ブリーフィングなどはいい例だったと思う。出演した専門家たちの子どもに対する丁寧な態度も模範的だったが、私は人形劇じゃなくても子どもたちのための番組は作れると証明してくれた点が何よりよかったと思う。カジュアルな言葉遣いではなく、しっかりと敬語を使うのは言うまでもない。子どもたちもきちんと理解していたとか、質問をした子どもたちの考えに改めて驚いたなど、大勢の人たちから、このブリーフィングについての意見や感想が寄せられた。しばらくの間、私のツイッターのタイムラインはこの人やあの人の「子ども」の話でうめつくされた。子どもを社会の構成員として接する番組は、視聴者にも子どもをそういう存

在なんだと認識させてくれる。子どもニュースや子ども時事番組ができればいいが、すぐに実現が難しければ子どもの日だけでも、子どもたちを大切な視聴者として扱ってほしいと思う。

テレビに関連して特に望むのは「最新子ども映画」を放映してほしいということだ。大人と一緒にどこか楽しそうな場所へ行ったりできない子どもたちのために、さまざまな事情で最新映画を観られない子どもたちのために、子どもの日1日だけは、どうか最新映画を放映してほしい。大人たちはお正月などの連休に何日も新しい映画を観られるのだから、子どもの日1日ぐらいは、なんとかできるのではないだろうか？　子どもの日だからといって子どもが主人公の古い映画を1日中放映するのを観ていると呆れてしまう。怠った企画でもあるし、大人が子どもの日を装って「童心」云々する理不尽な形態である。これについては、といつも腹が立つ。

毎年3月15日から3月31日を国家的に「子ども安全施設特別点検」期間として、遊び場などを1つ残らず点検してほしい。今は地方自治体別にときどき検査をしているようだが、年中行事として必ず実施して国家が管理するのだ。問題があれば4月のうちに修理を終えて、必要であれば新しく、子どもの日に利用するにあたって不便がないようにする。障害のある子どもも一緒に遊べる施設を作っていこう。子どもの日をきっかけに全国の遊び場の状況を国家が把握し、足りない遊び場は作り、水を飲む場所やトイレなども作って整理してほしい。子どもの日に、国民がそれを検査しよう。

全国民が力を合わせて点検することがもう1つある。子ども人権教

育だ。私は子どもの日に合わせて子どものいる家庭はもちろんのこと、そうでない家庭でも毎年「国連子どもの権利条約」が配られたらいいのにと思う。子どものいる家庭では子どもと一緒に声を出して読み、大人たちも心しながら読んでみたらいいと思う。例えばこんな文章を。

「子どもは自分に影響を及ぼすことについて自由に意見を言う権利があります。大人たちは子どもの意見をよく聞き、重要なこととして受け入れなければなりません」(12条)

（締約国は、自己の意見を形成する能力のある児童がその児童に影響を及ぼすすべての事項について自由に自己の意見を表明する権利を確保する。この場合において、児童の意見は、その児童の年齢及び成熟度に従って相応に考慮されるものとする。）

　こういう文章を書いたついでに、どうしても言いたいことがある。子どもの日と関連してさまざまな想像をしてみて私がどうしても叶えたい願いが1つあるのだが、それは「子どもの皆さん、家族と一緒に楽しい1日を過ごしてください」という言葉を禁止することだ。すべての子が家族と一緒に子どもの日を過ごせるわけではない。すべての子どもが家族と一緒に過ごすからといって幸せなわけでもない。そしてすべての子どもが自分が望んだからといって「家族と一緒に楽しい1日」を過ごせるわけでもない。よい意味ではお祝いの言葉なのだろうが、その言葉に深く傷つく子がいるかもしれないのだ。大人たちはそういう言葉を考えなしに使う。

「子どもの皆さん、子どもの日、おめでとうございます」
「子どもの皆さん、何か不便なことがあったら、〇〇〇までご連絡ください」

「国民の皆さん、今日1日子どもたちに親切に接していただきたいと思います」

「大人たちは周りの子どもたちのことをよく見て、助けてあげてください」

「私たち皆で子どもたちを守りましょう」

　こんなふうに言ってほしいのだ。「国の未来を背負う韓国人」だとかなんとか言うのもやめてほしい。子どもは国の未来のためにではなく、今日のために生きている。国の未来はとりあえず置いておいて、まず今日から大人たちがちゃんと国を背負っていきましょう。

　子どもの日、一番遠くからもお祝いしてあげましょう。すべての子どもに特別な日になるようにしてあげましょう。この日だけは子どもが保護者の代わりにほかの子たちと手をつなげるようにしてあげましょう。もしかしたら、子どもの日よりも子ども「たち」の日と呼ぶほうがふさわしいかもしれない。五月は青く、子どもたちは成長する。木々のようにすくすくと。森を成していけるようにしてあげよう。

＊　　チョン・インソブ著、『セットンフェ子ども運動史』、ハグォンサ、（イ・ジュヨンの『子ども文化運動史』より再引用）

＊＊　　ユニセフ韓国委員会、「私たちの権利：国連子どもの権利条約　解説資料」、ユニセフ韓国委員会

　読書教室では貸出しリストのためのノートがある。借りる本のタイトルと借りた人の名前を書いておくノートだ。名前の代わりにサインを残してもいいと伝えたところ、名前を書いていく子は誰もいない。初めて来た子たちは一大事を決めるみたいに悩んでサインを作る。そして翌週にそのサインをすっかり忘れてまた作る。結局、大部分の子どもたちは毎回違うサインをするため、このノートはほとんど落書き帳になってしまった。子どもたちは暗号のような言葉を書くこともあれば、ハートやスマイルマークのような簡単なイラストを描いたりもする。ジウォンもそうだった。ほとんどがおもしろいイラストを描いていて、絵文字のようなイラストでサインの代わりにもしていた。

　だから、ジウォンが自分のノートに描いた絵を見たとき、私はびっくりした。女性のトルソーがノート一面を埋めつくす大きさで描かれていた。細面の顔にとがったあご、口はギュっとつぶっていて（笑っていなかった）、首を横にちょっとかしげている姿だった。長い髪をさっと結わえて片側だけ耳が見えたが、細長いイヤリングがついていた。ネックレスの紐は装飾的だが先端についている装飾は小さいものだった。そのせいでイヤリングとネックレスはよくマッチしていた。Vネッ

クのセーターを着た現代的な女性だった。一番目についたのは２つの瞳だ。少しつりあがった大きな瞳は、この絵の中で唯一誇張されている部分だった。目の下に小さなほくろもあった。この女性が誰に似ているのかあとになって思い出した。モディリアーニの「ジャンヌ・エヴィテルヌの肖像」だった。

　夢中で絵を観ていてそっと尋ねた。
「この絵、考えて描いたの？　それとも何かを見て練習したの？」
「自分で考えて描いたんです。退屈だったから……」
「え、どうしてこんなに上手に描けるの？　今まで絵を描くなんて言ってたことなかったわよね？　どうして、こんなすごいことを秘密にしてたの？　ひどいなぁ！」
　私がつめよるとジウォンが笑いながら言葉を濁した。
「あ……上手になんて描けないんです。私よりずっと上手な子たくさんいるし。これはただ……目が……バランスが合ってないし」

　言われてみると２つの目の大きさと形は対称ではなかった。それがジウォンの目には欠点として映ったようだが、私はそれがこの絵の雰囲気を独特なものにしていると思う伝えた。
「前はもっと上手に描けたんですけど、あの時はなんていうか、何も考えないで描いても上手に描けたんです。今は考えすぎなのか、うまくいかなくて」

　私はジウォンに言った。それはもっと上手になるための段階なんだと。なんであれ、やればやるほど次はもっといい方法を見つけられるんだと。

「なんにも悩みがないときより、悩んでるときのほうが辛いから描けないように感じるのよ。でも考えてみて。どっちのほうがもっと上手に描けると思う？　だからそういうときは辛くても大丈夫なんだよ」

　こんなふうに話していたら妙な気分になった。子どもの頃の私に言ってるような気がしたのだ。

　学校新聞に載った隣のクラスの子の作文を読んだときの気分は、今もはっきりと覚えている。確か「後悔」という主題の作文だった。両親にねだって流行っているカバンを買ったが、いざそれを手に入れてみると肩が痛くて苦労したという内容だった。内容にも共感したが、当時私も欲しかったそのカバンのデザインや人々の言葉遣いなどが生き生きと描写されていた。子ども心にも羨ましいとすら思えないほどよく書けていた。それが悔しかった。同じテーマで応募して落選した私の作文はまったく思い出せない。「作文を上手に書けるようになるには、これくらい書けないといけないんだ」と思って諦めると同時に、自分の作文のことも忘れたのかもしれない。

　もし、あのとき誰かが「作文だって水泳みたいに練習が必要なんだよ」「誰かのためじゃなくて自分のために書けばいいの。そうすれば自分の考えを自分で読めるでしょう」「大変だったらちょっと休んでから、また書けばいいよ。今日書いて明日読んでもいいし」といった言葉をかけてくれていたらどうだっただろう。作文だけじゃなくて人生のさまざまな場面でも、ちょっとした影響があったのではないだろうか？　過去に戻らない限り、人生がどう変わっていたかはわからない。だから、私は子どもにそういう言葉をかけてあげたい。それなら何もタイムスリップまでしなくても、この言葉が力を発揮するかもしれないから。よい点がもう１つある。その言葉を私自身も聞けるとい

　子どもの頃というのは、幼い自分より大人によって作られる部分が多い。人生にたくさんの影響を及ぼすが修正することも、作り出すことも、勝手に忘れることもできない。子ども時代のある部分は、大人になったずっとあとになってやっとその意味が分かる。時差は思い出をより切なくし、傷をもっと深いものにする。私は会社勤めをしているときに人々がそれぞれ、いかに異なる環境で成長してきたかに気づき、心がどんどん狭くなった。一番羨ましかったのは「苦労しないで育ったからひねくれたところがない」人だった。理想的な子ども時代がなんなのかはわからなくても、私が手に入れられなかったということだけはわかった。そう思うと私の人生は、早々に決められていたような気がして、どうしても力が出なかった。

　そんな考えを振り払えたのは、ある一人の子どものおかげだ。その子の母親は、子どもが靴を履き違えたり、給食を食べるのが遅くて先生や同級生に注意されることが多いと言っていた。それ以来、私はその子だけではなく、ほかの子たちにも「ゆっくりね」とよく声をかけるようになった。思えば私も子どもの頃、早くしなさいと言われてばかりだった。誰かがゆっくりやりなさいと言ってくれたら少しは安心できたかもしれないのに。それにしてもどうしてこんないいことを思いついたのだろう？

　本当は「ゆっくりね」は、私の知る最も「ひねくれていない」先輩がよく言う言葉だ。帰り際に雨が降ると、その先輩はオフィスから地下鉄の駅まで後輩たちを車で送ってくれたのだが、私たちが車に乗る

ときも降りるときも、いつもこう言った。「ゆっくりね」。私はその言葉が好きだった。おかげで車に乗せてもらうことも申し訳なく思わずにすんだし、ありがたかった。一方では先輩がそういう言葉を聞いて育ったからいい人になったんだなと思った。それ以来、私が「ゆっくりね」と言ってみると、私もそういう言葉を聞いたことのある人になった。必ずしも人生の初期に決められた通りに生きなくてもいいのだった。

　私は今、子どもたちにかける言葉を私にもかけてあげる。反対に子どもたちに言わない言葉は自分にも言わない。この原則を守ろうと努力するのは、そうすれば私の言葉に少しでも力が宿るような気がするからだ。仕事の結果が思うようにいかなくても大丈夫だと、その過程で手に入れたものがたくさんあると自分をなだめる。何かを成し遂げたときは思い切り祝って激励する。反省と自責を区別して、他人と自分を比べないように努力する。子どものおかげで私は自分のことをもう少しケアできるようになった。

　私は今も相変わらず「子どもは大人の道しるべ」だと言う言葉には納得がいかない。子どもを対象化するだけじゃなく神聖視しているように聞こえるからだ。大人が子どもをきちんと教えて導かなくてはならないのであって、子どもに道案内の責任を持たせるなんて。それに子どもが道を知っているはずなどないというのに。何か神秘的な力があるわけでもないのに。そう思っていた。ところが、子どもにかける言葉を選び、その言葉に自分を照らしてみて「道しるべ」に対する誤解が解けた。子どもが教えてくれるから道がわかるのではなく、子どもに何をどう教えるか悩むことで私たちが進むべき道がわかってくる

ということなのだ。だからこそ子どもを教え育てること、つまり教育はこの世界を生きていく私たちすべての役目になる。家庭や学校は教育の出発点であるだけで、結局のところ責任は社会が背負うべきなのだ。そうしたくなくても最後には社会の役目として戻ってきてしまう。

　子ども、青少年を含む「子ども世代」の誤った面が表面化するとき、あちこちで「教育の失敗」「市民養成の失敗」といった嘆き声が聞こえてくる。完全に間違ってはいない。私もそういう言葉を口にしたことがある。でも、もしかしたら私には、責任を回避したいという思いがあったのではないだろうか？　まるで社会の構成員としての私には間違いはなく、新人をきちんとトレーニングできなかった家庭や学校を点検して改善すべきだとでも思っているような。しかし、子どもは社会の外で成長しきってから次の社会に配置されるわけじゃない。そんなことがあってはならないし、できるはずもない。子どもは生まれたときから社会の中で育つ。家庭で目にすること、学校で学ぶことを基礎にして、世界を見て世界で学ぶ。

　社会の問題は学校、家庭にそのまま反映される。オンライン授業が始まって以降、学校は単なる建物と教科過程を教えるだけの場所じゃないことがはっきりした。学校自体もさまざまな職業の労働者や学生たちが、学生と学生が関係を結ぶ社会だ。家庭も社会とは切り離せない。社会の助けなしに子どもを家庭だけに押しつけるとき、どんな残酷な虐待が起きうるかは痛いほど確認されている。教育について語るなら、社会を見るべきだ。性犯罪者たちは処罰を受け、感染病事態の中で図書館よりも性売買業者がまず店を開け、芸能バラエティ番組では子どもや女性を雑に扱い、マイノリティーをヘイトする彼らにマイ

クが渡っている世界で、学校と家庭がクリーンになることを期待できるだろうか？

　私は教育の失敗を宣言したければ、この世の失敗を宣言するべきだという結論に至った。そしてそうしないことにした。冷笑主義者にはなりたくないからだ。絶望的なニュースがあふれると、自然に諦めるほうに身体も心も傾く。憤りと無力感の間を行き来してみると、この国を見て見ぬふりしたくなる。でも、私が捨てる荷物を結局は子どもが背負うことになるのだ。私はほんのささいなことでもいいからよいものをしっかりとこの手で子どもたちに与えたい。そこまでが私の仕事だ。そうすれば、子どもが大きくなってゆがんだ部分を直せるだろう。

　私がこんなふうに声高に話すのも、みな子どものためだ。子どもが絵を台無しにしたとき「何をしたって無駄よ。破ってしまいなさい」という人はいない。直せるかどうか見て、ダメなら新しい紙を与え、次はもっとうまく描けるように励ますだろう。私たち自身にも同じように言ってあげるべきだと思う。実際に子どもだったらどうするだろうか？　私が新しい紙をあげて、あれこれ細かいことを言う前に子どもはすでに紙を裏返して裏面に新しい絵を描き始めている。冷笑主義はおこがましくて近寄ることすらできないのだ。

【著者紹介】

キム・ソヨン

◉──児童書の編集者として長年働き、現在は読書教室で子どもたちと本を読んでいる。著書に『児童書の読み方』『話す読書法』（すべて未翻訳）がある。
Blog.naver.com/sohosays

【訳者紹介】

オ・ヨンア（呉 永雅）

◉──韓国の小説やエッセイを日本語に翻訳するかたわら、梨花女子大通訳翻訳大学院、韓国文学翻訳院で翻訳を教えている。訳書に『続けてみます』ファン・ジョンウン著、『ママにはならないことにしました』チェ・ジウン著（共に晶文社）、『愛しなさい、一度も傷ついたことがないかのように』リュ・シファ著（東洋経済新報社）、『本当に大切な君だから』キム・ジフン著（小社）などがある。

【イラスト】

イム・ジーナ

◉──イラストレーター、エッセイスト。著書に『モノから学びます　今日がもっと好きになる魔法』(KADOKAWA)などがある。

カバーデザイン・本文デザイン　岩永香穂（MOAI モアイ）
DTP　野中賢・安田浩也（システムタンク）

子どもという世界

2023年7月20日　　　第1刷発行

著　者——キム・ソヨン
訳　者——オ・ヨンア
発行者——齊藤　龍男
発行所——株式会社かんき出版
　　　　　東京都千代田区麴町4-1-4 西脇ビル　〒102-0083
　　　　　電話　営業部：03(3262)8011㈹　編集部：03(3262)8012㈹
　　　　　FAX　03(3234)4421　　　　　　振替　00100-2-62304
　　　　　https://kanki-pub.co.jp/

印刷所——ベクトル印刷株式会社